弘道

高洁　主编

中国矿业大学出版社

图书在版编目(CIP)数据

弘道 / 高洁主编. —徐州:中国矿业大学出版社,
2018.6

ISBN 978-7-5646-3869-6

Ⅰ.①弘… Ⅱ.①高… Ⅲ.①江苏师范大学—教师—
访问记 Ⅳ.①K825.46

中国版本图书馆 CIP 数据核字(2017)第 323992 号

书　　名　弘　道
主　　编　高　洁
责任编辑　夏　然　赵　雪　侯　明
出版发行　中国矿业大学出版社有限责任公司
(江苏省徐州市解放南路　邮编 221008)
营销热线　(0516)83885307　83884995
出版服务　(0516)83884895　83884920
网　　址　http://www.cumtp.com　**E-mail**:cumtpvip@cumtp.com
印　　刷　徐州今日彩色印刷有限公司
开　　本　787×960　1/16　**印张** 11.75　**字数** 167 千字
版次印次　2018 年 6 月第 1 版　2018 年 6 月第 1 次印刷
定　　价　32.00 元

序言

江苏师范大学党委书记　华桂宏

唐代文学家韩愈在《师说》中言："师者，所以传道受业解惑也。""传道"成为千百年来教师的信念和坚守，薪火相传，历久弥新。2014年，习近平总书记在北京师范大学考察时指出，教师职责的第一位就应该是"传道"，为广大教育工作者赋予了新的责任和使命。那么，何为"道"？

老子在《道德经》中说："道生一，一生二，二生三，三生万物。"为天道、为人道、为地道。道法自然，为世间之规律，为万物之本原。而师者传道则与其不同，此"道"为道义、为德行，是理想信念、是道德情操、是扎实学识、是仁爱之心。师者之道绝不是信手拈来、空口闲谈的大仁大义，而是言传身教中渗入骨血的仁义礼智信。无论是三尺讲台上的默默坚守，还是深夜桌案前的奋笔疾书；无论是带学生遨游知识海洋的教授，还是陪伴学生成长的辅导员，亦或是奋斗在其他岗位上的工作人员……都是师大校园中的师德标杆。

习近平总书记在全国高校思想政治工作会议上强调，教师是人类灵魂的工程师，承担着神圣使命。传道者自己首先要明道、信道。高校教师要坚持教育者先受教育，努力成为先进思想文化的传播者、共产党执政的坚定支持者，更好担起学生健康成长指导者和引路人的责任。要加强师德师风建设，坚持教书和育人相统一，坚持言传和身教相统一，坚持潜心问道和关注社会相统一，坚持学术自由和学术规范相统一，引导广大教师以德立身、以德立学、以德施教。

古语说："为业师易，为人师难"。同样的，业师易得，人师难求。梅贻琦先生在 1931 年出任清华校长时提出"所谓大学者，非谓有大楼之谓也，有大师之谓也"。在高校建设和发展中，"人师""大师"可谓其中之关节。无大师之高校，如无地基之高楼，纵是富丽堂皇，也终会轰然坍塌。高校教师应当以"为人师、成大师"为目标、以"弘道"为己任，要坚持把立德树人作为中心环节，把思想政治工作贯穿教育教学全过程，实现全员育人、全方位育人，努力开创我国高等教育事业发展新局面。高校教师应当成为学生的引导者，积极传播正能量，时刻弘扬新时期的道义新内涵。

自师大建校以来，一批又一批"精于业，长于德"的人师不断涌现，从"不朽的音符"费承铿教授到"长江学者"杨亦鸣教授，从师大"筑巢人"顾春明到图书馆的"大众爷爷"郑运良，还有校园里的"绿手指"张庆和师傅以及清真食堂的马法土麦大妈……他们活跃在学校的各个战线，见证着师大的春夏变迁，用坚守和努力培育了一代又一代师大学子。无论他们在师大的哪个角落、哪个工作岗位做着怎样的工作，他们都在用自己的方式诠释"弘道"二字的内涵和真谛。

为记录优秀教师的先进事迹、弘扬师德文化，我校大学生通讯社的学生记者跟随我校典型教师的足迹、深入工作一线进行专访。通讯在校报上刊载后，引发广大师生的广泛关注。今年，我校决定将近年来优秀教师人物专访稿件汇编成册，编印出版，也就是今天大家眼前的《弘道》一书。这是我校师德建设的一大重要成果，同时也是展示我校教师风采，弘扬师德精神，供广大教师经验交流的一大重要材料。希望我校广大教师能从中吸取经验，学习传道、弘道之精神；也相信有机会读到此书的师大学子定能受益匪浅，对“为人师”有更加深刻的认识和感悟。

是为序。

目　录

目录

目录

情聚一心　技高一筹　独树一帜

——记我校“长江学者”杨亦鸣和他的创新团队

2006 年，第四届中国高校人文社会科学研究优秀成果奖一等奖颁给了杨亦鸣，以表彰他在神经语言学方面开拓的成就，这是继前三届颁给王力、季羡林、俞敏等 80 岁以上的大师之后，中国高校人文社科最高奖首次颁给 50 岁以下的著名学者。

作为教育部“长江学者”特聘教授，杨亦鸣开创的“透视分离法”被誉为“近代音研究的一项新方法”。然而，他的科研道路并未沿着传统语言学的方向继续发展。20 世纪 90 年代初，杨亦鸣开始注意到国际语言学研究的转向。自此，杨亦鸣和他的创新团队将全部身心投入到这趟漫长的科研征程中。

一个学院派的标杆

今年 57 岁的杨亦鸣教授，仍然坚持在本科生的课堂上讲授“语言学概论”。在这群大一新生眼中，他永远穿着一身熨帖的白衬衫、西装裤，一丝不苟，就像他对待学术的态度。

顶着一头蓬松白发走在校园里的杨亦鸣甚是惹眼，除非走近细看，否则你不能瞧见隐匿其中的几绺黑发丝。如果你对杨亦鸣的工作强度稍加了解，恐怕就不会对他那一头花白头发感到惊奇了。

据杨亦鸣的徒弟张强回忆，杨亦鸣为了“熬”一篇论文，曾经三天三夜在办公室“闭关”研究。每当需要资料时，办公室的门缝里就会递出一张小纸条，心领神会的徒弟们便将相应的文献送进这间屋子。当第四天大门敞开时，桌上只有他啃了几口的烧饼，而另外准备的盒饭仍摞在原处，一口未动。对于这样近乎禅修的工作状态杨亦鸣习以为常。“拼命不是说说的，是真的有可能拿命来拼的，”杨亦鸣再次解释，“如果这个活重要，不吃饭不睡觉也要做完，因为‘人误地一时，地误人一年’，如果不能抢这几天时间，就有可能会落后几年，所以特殊情况下是要拼命的。”

正是因为这种“拼命三郎”的精神，杨亦鸣对于学科发展有着深切的责任感：“我们会踏踏实实做好学术，目标肯定是争取做到中国最好的，为中国在世界上争取自己独有的学术地位。”为此，他十分注意培养团队里的年轻人。

平日里，杨亦鸣与这些年轻人是朋友，一起打球、一起唱歌，“愉快地工作，体面地生活”。而一旦有任务时关系就如同战友——“只许成功，不许失败”。因为战斗失败就会有“生命危险”。杨亦鸣坦承：为了胜利他有时会“不近人情”。“活着干，死了算”——团队一直把徐州拥军模范的口号当作座右铭。

神经语言学是一门全新的学科，存在太多未开发的领域，没有可借鉴的经验，需要做大量探索性的工作。而杨亦鸣自己就是一个标杆，尽管他总是说：“我算不上有远见，我相信青年人会看得更远。”

杨亦鸣的感染力不是来自空洞的演说，而是来自他的科学思想、他的行动、他的激情。团队里的白建娥博士对此感触深刻：“他在科学上的进取心和事业心给人以感召力。杨老师对年轻老师的科研工作非常支持，哪怕有些老师没有科研经费，如果有好的科学想法，他也会支持你去做。杨老师在科研上对年轻老师还非常包容，他不会催促你一定要交出多少科研成果，相反，他特别鼓励年轻教师深入探索一个科研领域，找到真正有价值的科学问题。”

旧理论上蔓新枝

江苏师范大学的语言学学科团队是我国神经语言学的开拓者，自20世纪90年代初起即将语言学理论知识与神经科学等相结合，设立神经语言学研究方向，招收和培养国内首批神经语言学博士和硕士人才。目前学科研究涉及阅读障碍，神经词汇学，神经句法学，神经语音学，手语、口吃以及失语症等语言障碍的神经机制等，取得了高水平研究成果。

2008年，江苏师范大学在原语言研究所语言学及应用语言学学科力量基础上，成立了我国唯一独立建制的语言科学学院，时任教育部副部长、国家语委主任郝平为学院揭牌，并指出“徐州师范大学语言科学学院的成立是中国语言学史上具有里程碑意义的大事”。学院在长期的建设过程中，一直坚持交叉综合的研究取向，形成了以语言本体基础性研究为主、兼顾研究成果应用推广的交叉综合的研究特色。

学术思想的碰撞可以打开个人的思想局限性，激发更多更好的科学想法。语科团队通过与国际一流实验室的交流与合作，尤其是年轻的老师，几乎都有出国进修或交流的经历。无论是通过到国际一流大学进修还是开展国际合作，都能开拓学术视野，学习到更多的国际一流的实验方法，从而提高学术能力。

神经语言学与任何科学一样，创新都是需要不断探索的。

2010 年 1 月，一号楼发出一封寄往荷兰的论文，4 个月之后，一篇修改了五年之久的论文被国际脑科学顶级期刊 *Brain* 刊登——《中英人群发展性阅读障碍：从不同的语言中分离出阅读障碍效应》，*Brain* 编辑部以“文章写作和构思出众，是本领域具有开创性的重要成果，作者应该为此成果而感到自豪”来评价这篇仅被改动两处标点符号的处女作。这是国内第一篇发表在 *Brain* 杂志上的语言学研究论文，论文发表后，2 年内已被 SCI 期刊引用 40 多次。

文章的第一作者——该团队 1979 年出生的博士生胡伟，那年才 31 岁。

在这篇处女作的背后，是长达两年的前期基础测查工作，是与国外专家往来一万多封的英文邮件，胡伟甚至为此延迟了一年硕士毕业论文答辩。

出人意料的是，这篇论文的指导老师杨亦鸣拒绝了第一作者的署名，在他看来，年轻人“早日挑大担”比什么都迫切：“青年人做科研没有劣势，只有优势，所有有成就的人都是从年轻时做起的，青年人应该知道这一点，只要做就会有优势，不做才是劣势。”

而勇于创新正是科学家最重要的品质。

小团队有大力量

杨亦鸣教授的专著《语言的神经机制与语言理论研究》获得了国家教育部人文社会科学研究优秀成果奖一等奖。“十一五”期间，神经语言学研究小组又被遴选为江苏省第一批科技创新团队。

谁能想到做出如此巨大的科研成果的团队竟只有20余人？杨亦鸣的女弟子、副教授张珊珊总是强调“做每一件事穷尽心力”——科学研究只有做到这一步才算得上真正的科研。

神经语言学是一门夹杂语言学、认知科学、脑科学、心理学、计算机科学、生物医学等的前沿交叉科学，面对如此庞杂的学科体系，科研时遇到的难题往往无从借鉴。这非常考验个人及团队的创新能力。在学科草创之初，团队里的年轻人大多是文科背景，当时经费也十分紧张，没有做实验需要的磁共振设备，他们就跑遍徐州大小医院，终于在一家医院找到了合适的设备。但是他们仍需要做大量的前期工作：自学物理知识，动手做反应按键盒，在线路上包裹防磁材料，制作可以放入磁共振的反光镜、毛玻璃镜框，说服被试参加实验。他们就是靠这样一步一个脚印的积累，收获了大量宝贵的基础数据，使后续研究得以前进。

如今，中心的硬件设施已不可同日而语。拥有单体价值200万元的Neuroscan 256导脑电系统和2000万元的GE 3.0T磁共振成像系统的实验室已跻身世界前列，不少邻近学校和相关科研单位也被吸引而来，观摩学习。与此同时，团队里的年轻教师的学术背景也日渐丰富：语言学、心理学、生物学、计算语言学、影像学等等。语言能力协同创新中心办公室主任封世文强调：“神经语言学不是一个人的事，只能是一个团队的合作。”

在这里，每个人的实验计划都会先拿到团队会议上讨论一番，而受邀前来参加讨论的对象不仅仅是神经语言学背景的教师。刘俊飞十分享受这样的思想交锋:“这个时候我们就会发现,同样的问题对于具有不同学术背景的人来说,看到的东西往往是不一样的,而解决问题的思路在这个时候就很有可能被打开了。”

杨亦鸣也很注重培养团队里每个年轻人“同时处理多件事”的能力,争取让年轻人早日挑大梁。为此,中心实行了项目经理制,即把项目交由年轻教师统筹,中心其他人亦由他负责调动。2007 年,年仅 28 岁的刘涛独立负责第三届海外中国语言学者论坛,这是他第一次承担如此重大的项目,会务组、通联组、邀请专家,方方面面都要顾及。筹办之初,杨亦鸣教授一条一条地告诉他注意事项,只要他有需要,师兄和师姐都会立即提供协助。

刘俊飞主导的手语 fMRI(功能性磁共振成像)实验正式开始时,他需要每天将聋人被试接到学校,第二天再把他们送回家。这时,张强主动把爱车借出,两位师弟也主动担当起司机的角色。一次实验程序出了问题,封世文马上帮忙检查,甚至饭也不吃就陪同他去医院帮助操作实验。

问及对事业可曾感到迷茫,生于 1985 年、团队中最年轻的小师弟于亮表示:“没有时间消沉,因为保持着一种工作惯性。”一切都是因为他们务实的团队文化:公事大于天,对己不自私,对人不小气。

2014 年,神经语言学研究团队承担了由教育部和江苏省政府与联合国教科文组织合作主办的,以“语言能力与人类文明和社会进步”为主题的首届世界语言大会的主要筹备和策划工作。同年 6 月,中央电视台《焦点访谈》节目以“‘多言多语’促进沟通”为题报道了此次世界语言大会。杨亦鸣带领的科研团队及其研究成果在大会中展露风采。

长路漫漫，上下求索，杨亦鸣和他的创新团队以学院为家，以公事为天，以科研为信仰，以创新为灵魂，埋头苦干，孜孜以求。在新的起点上登高远望，扬帆起航。

发表于《江苏师范大学报》第556期第三版 刘日佳 诸未静 高洁（2015-05-15）

咬定青山不放松

——访我校连续两次国家社科基金重大项目主持人周棉教授

雪后初霁，阳光透过窗户，拂照一盆并不茂盛的君子兰。君子兰旁是书，两张办公桌上，八九个倚墙而立的书橱里，还有一个长桌上，都是书，各种文科的书，还有一摞一摞的资料、论文打印稿。这就是两次获得国家社科基金重大项目的周棉教授办公室里的景象。

2015年冬，彭城第一场大雪之后，尽管周教授再三推辞，记者们还是来到了他的办公室。

执着：收完玉米收黄豆

周棉教授今年中标的国家重大项目——“中国第一历史档案馆清代留学档案的整理与研究”，与他前一个重大项目同属“留学生与近代中国研究”系列。

今年春，经过八年夜以继日的风雨兼程，周教授终于完成了他主持的国家社科基金重大项目——“民国时期留学史料的整理与研究”：史料近900万字，论文20多篇，超过原计划数量近两倍。专家们认为，这是中国留学史和民国史研究的里程碑式成果，不但将有力地推动民国时期的留学生研究，有助于深化中国社会转型的研究，还可为当代留学生的派遣和回归政策的制定提供参照。

很多人都觉得他该好好地休息一段时间，却惊讶地发现他已做好了再次冲击国家社科基金重大项目的准备。

“不能拖！就像秋天到了，收完玉米就要收黄豆，不能耽误，时间不等人！”农家出身的周教授这样回答。事实上，在下决心再次攻坚克难之前，他也曾有过犹豫：“申报上一个项目时，竞标方是中国最有名的一所综合性大学和一所非常有名的师范大学联盟，现在想起来我都心有余悸。而项目结题时，体力、精力、思维都接近极限。”今年在准备申报前，他原以为两个课题之间联系密切，前一个投标书与今年的投标书大同小异。但他没想到，这次申报要求和上次差别太大，以致从6月下旬到9月初，他用了几乎整整三个月的时间，才完成了一份八十一页的投标书。

“那时真有一种心智枯竭之感。”他回忆道。

“申报前，有关部门的同志对我讲，到目前还没有人连续两次获得国家重大项目。当时，我感受到了他们对我的担忧。”周教授笑笑，坦诚地说。如今尘埃落定，他完成了一件在别人看来似乎不大可能的事。然而，他仍像以前一样每天在办公室14个小时左右，从容地继续着他的书斋生活。

不以物喜，不以己悲，在平凡而又不平坦的岁月中，他似乎练就了这样一种胸怀。

责任：位卑未敢忘忧国

在采访中，记者意外地发现，周教授学术生涯的起点并非跨学科的留学生研究，使他声名鹊起的是文学，是他那被哈佛、耶鲁等20多个国际名校图书馆收藏，被孙玉石、叶子铭等中国学界翘楚认为“具有学术永久性”的《冯至传》。但是，就在他一鸣惊人的时刻，他却转而研究留学生与近代中国。至于原因，他平淡地说：“我是一名知识分子，要有忧患意识。”

出身农家的他，始终不忘社会责任，不愿把学问只做在象牙塔里，而是要通过研究，推动社会的发展与文明的进程。这种使命感使他在1989年夏秋那个非常时期改变了研究方向。

当时九州风雨，人心动荡，但是，周教授坚信邓小平关于改革开放路线方针一个字都不准改的讲话，更深入地考虑知识分子与中国的前途、留学生与中国的现代化联系紧密的问题。于是，以投石问路的《留学生与近代以来的中国文学》一文为起点，他开启了留学生研究的漫长之旅。随之，引起了北京大学、南京大学等高校和茅家琦、李新、谢邦宇、张岱年等专家学者的关注与支持，获得了我校徐放鸣、安宇等领导、部门负责人和众多教师的支持。

在他看来，留学生诞生于鸦片战争、亲历中国苦难屈辱的社会现实，是中国最早走向世界的先行者和推动中国现代化的特殊群体。但是，多年来却少有人系统研究，资料尤其缺乏。于是，周教授开始着手编纂《中国留学生大辞典》。当时没有电脑，没有科研经费，但是“对学术的执着，大家对我的信任，使我欲罢不能”。七易寒暑，他终于完成了中国第一部留学生人物工具书，200多万字。为此他独自审校、增补、修改了七遍。“人物工具书不同于论著，只有正误之分，不能马虎。否则不仅贻害他人，也会使自己声名狼藉。”后来，该书获国家辞书奖，他却难以兴奋。这种坚守与静默的背后，则是他对以留学生为代表的知识分子群体与中国现代化关系的特殊解读：

"20世纪70年代之前中国留学生的理想和追求，代表了20世纪中华民族的理想与愿望；20世纪70年代以后的留学生将在很大程度上影响或决定21世纪中国现代化的走向。"

"随着改革开放的进行和与国际接轨的需要，中国的留学大潮还必将'卷起千堆雪'，到21世纪中期或21世纪末达到顶峰，即当中国的科技、文教和经济的总体水平与世界先进水平接近或基本持平之后，中国的留学大潮才会慢慢回落。"历史和现实证明了周教授20年前的论断。

于是，他发起成立了留学生与近代中国研究中心，创建了留学生方向学位点，创设了学报留学生研究专栏，获得了教育部重大项目、国家重大项目，接连获得省政府奖，主办了留学生与中外文化交流国际学术研讨会，应邀参加哥伦比亚大学建校250周年国际学术研讨会等。他由此成为中国留学生研究的领军人物，江苏师大则成为中国留学生研究的重镇，留学生研究从而成为江苏师大重要的学科特色。

近年来随着中国国力的增强，留学生的回国率大大提高，这也印证了周教授的留学生主流爱国论，激发了他从留学运动的源头——清代全面研究留学生的念头。他认为，无论清代留学运动的启动，还是留学生的现代化理念等，都对当代有启示性意义。"人们对甲午战争多有论述，但是很少阐述作为中国新一代知识分子留学生出身的海军军官们，站在反对外来侵略的第一线的意义和影响。"我们可以从此窥见一名学者的民族意识和书斋中的中国梦。

师范:行为人师的自我准则

在采访中,有几个学生欲进来,一推开门看到老师正与客人交谈,便退了出去,周教授也笑着扬扬手,让他们去楼上资料室稍等一会。“这是我的研究生,他们几乎天天与我在一起。”

于是,我们又认识了作为研究生导师的周教授。

2008 年,与中国第一历史档案馆整理清代留学档案的协议签订不久,周教授便带着他的 3 个研究生陈健、王延强和张慕洋,到北京整理档案资料。在整整一年的时间里,周教授奔波于徐州北京之间,而三个学生则吃住在京城,天天泡在档案馆里搜索整理资料,获得了档案馆专家的褒奖。回校后,他们进一步受到导师为人、治学和学识的感染,进步很快,毕业时都考上了名牌大学的博士。特别是陈健,在毕业前不仅国内的名牌大学希望录取他,连美国一所常春藤大学的一个著名教授也向他招手。“虽然今年获得了项目让我有新收获,但他们同一年考博成功,这比我自己取得了项目还要高兴。”

记者向周教授表示祝贺,他没有谦虚,他挺直了身子,竖起了大拇指,扬起了下巴,声音也提高了一个调,满脸的自豪。

周教授带中文和历史专业两个方向的研究生,但是数量绝不贪多,一届两个或一个。而且从不挑肥拣瘦,相关学院分给他谁他就指导谁。后来记者了解到,他指导的研究生几乎一半考上了重点大学博士,三分之一在高校工作,其他的也在重点中学或大企业从事教学或文秘工作。

我们问他带研究生的秘诀。他平静地说："没有秘诀，也没有认真地专门研究什么方法。我就觉得，带研究生应该与本科生不同，不该以传授知识为主。我的要求是：做人第一，开阔视野，解放思想；提高综合能力，全面提升素质；毕业后没有实习期。""说到底，主要是根据现在中学和大学阶段教学的不足和缺陷而考虑的，还考虑到毕业后就业的艰难。"

或许正因如此，周教授的研究生常说"老师待我们如子女，我们待老师如父亲"。小杨研二时，周教授把他送到中央教科院学习。如今33岁的小杨早已博士毕业，成为硕导；周教授推荐小赵考博浙大，并为弟子作经济担保；小许现在是南师大的博士后，想当初，她考上了一所985大学的博士，却无委培单位，又是周教授说服学校领导委培让她如愿以偿。还有一个不是周教授专业方向的学生，就因为临毕业时他的学生说这个同学人品不错，一回山区老家就要嫁人成为家庭妇女，于是周教授动了恻隐之心，介绍她去一所大学工作，为这个学生后来的发展打下了基础。别人称赞他，他说："应该的，我的孩子在外地读研，老师也这样关心。"

诗歌：严谨学者的香草美人

"周棉本质是诗人。"同学或朋友不止一人这样说。

在采访中，记者发现早已被认为是留学史学家的周教授，不仅最初的学术生涯始于文学，而且对诗歌创作情有独钟。古诗新诗兼而有之，其风格也多有不同。

在20世纪70年代末，他的一首《春芽》颇具朦胧色彩，在校园内曾被多人传抄，后来被《中国青年报》发表：

我是黎明时百草万木的春芽，

我是晨曦中散香滴露的鲜花。

委婉曲折地抒发了一代人被“文革”耽误后重新萌发的心理。但是，沉重的现实又使得他们这一代人要冲破重重叠叠的压抑：

打破纵横交叉的框框，

在老硬的皮壳上，

爆一道辉煌的裂口。（《石榴籽》）

物换星移，岁月风尘。1988年夏，北戴河海滨。作为青年学者的周棉正在听谢冕先生演讲，他却随笔写下了一首被谢先生赞为“很灵动”的诗：

我走过一个姑娘的身旁，

仿佛她就该是我的新娘。

我抬起头朝她望望，

她加快了脚步。

肩上还托着我的目光。（《新娘》）

当晚在海滨的篝火晚会上，他因为此诗被狂热的同伴抬起又抛下。“一般人常常以为这是一首爱情诗，其实不是，它的意象是人类异性间瞬间的感觉。每个人都会有这样的体会。”你有吗？回答应该是普遍的。

他自嘲，现在有时还在打油（写打油诗）。如一天早晨他下楼上班，抬头一望，诗句流淌而出：

日过树梢满地光，

托起大地问苍茫。
天若有情天不老，
守株待兔到洪荒。(《无题》)

此诗表现了什么意趣，周教授自谓不知所云。但是，记者却感到若隐若现的直到洪荒不变的，依然是他一直坚守到永恒的责任心。

执着，是一种心态，是一种责任，其实也是一种重压。只有返回大自然，周教授的心境才会焕然一新：

仰卧巨石眼观天，
暑天秦岭醉流连。
泉水哗哗鸟鸣涧，
教授何如野神仙。(《秦岭》)

这是去年8月周教授第一次游览秦岭时即席奉命而作，其为自然之陶醉与放达不能不使人浮想联翩。

他情感丰富、赤诚，似乎永远高热，不会冷却，有一颗永不变异的赤子之心。他的忧患意识、苍生情怀，还有在此无法展开的感恩意识似乎与生俱来，又使他永远不可能无忧无虑，有时甚至执着到近乎痴愚。也正是这种情怀和心境，玉成了今天的周教授，玉成了他在留学生研究领域的独特贡献，展现了在责任和精神重压下这位专家、学者与教师、诗人的复合性风采。

有着洋溢文人气息的丝框眼镜，常年专心治学而紧皱的眉头，和蔼可亲的笑容以及好似国画艺术家发型的周教授，既像学者又像艺术家，既是位教授又是位编辑家，既是个忧怀深重的学者也是个孝顺感恩的儿子。一路走来，饱经沧桑，学者的严谨与诗人的恣意，在他的作品中都留下了特有的印记。特别是他对学术的坚守、执着与静默，在这个尘埃喧嚣的时代，更是独特而难得。

发表于《江苏师范大学报》第 569 期第三版 钱思衡 杜欣娥 丁雅宁（2015-10-25）

从语言教师到文化使者

——郭晶萍:“行走”中的中华文化代言人

“双包边环绕未竟画稿，凤凰扣锁住激情燃烧，绮罗香争奈青花淡描，琵琶襟难忘美景良宵……”这首由江苏师范大学外国语学院郭晶萍教授双语作词的《中国旗袍》，致力于用“旗袍”这种行走的视觉艺术来阐释中华文化的博大精深。

她不仅将旗袍写进了歌里，更把它穿在了身上。无论是在江苏师大的小道，还是在迈阿密达德学院的讲堂，你若能遇到穿旗袍的女子，且穿得独具韵味，十有八九就是郭晶萍了。

2013 年，郭晶萍远赴美国迈阿密达德学院孔子学院担任汉语老师，对中国传统文化的痴迷，使她从一个语言教师成长为一个文化使者。如今的她，早已成为了一个“行走”的中华文化代言人。

据了解，《中国旗袍》是继《中国茶》之后，美国迈阿密达德学院孔子学院联合中国海南田丰传媒倾情打造的“中华情”系列歌曲的第二首。此歌一完成就被指定为中国旗袍会全球推广主题歌、中国旗袍文化艺术节主题歌。

郭晶萍表示她已经完成了计划中《中国陶瓷》和《中国丝绸》的中英作词:“这两首歌应该也很快就可以和大家见面了。”

青青子衿，悠悠我心

两年前去美国时，郭晶萍随身携带的大箱子里，满满当当装了50套她亲手设计的旗袍，这是她多年来精心收藏的宝贝，也是她日常生活着装的一部分。对于郭晶萍来说，一年中穿旗袍的时光，可以从初春延续到深秋："每年四月开始我就穿旗袍去学校上课，有半年时间可以穿。"

而她第一次穿旗袍则要追溯到"青青子衿"的大学时光了。20世纪80年代末，郭晶萍在大学期间就对旗袍和披肩十分感兴趣，经常和室友讨论旗袍和披肩，"我认为旗袍和披肩是会再次流行的。"旗袍的种子就这样在她心中发了芽。几年后，她穿着在南京买的陶玉梅旗袍去北京参加外语教学会议。有缘的是，在300多人的会场里她碰见了一位同样穿着旗袍的江西女老师。郭晶萍说："真的是遇到了知音啊，我拉着这位老师聊了好久，现在也还有联系。"

从那以后，郭晶萍就彻底迷上了旗袍，买有关旗袍的书籍，看有关旗袍的影视剧，欣赏明星穿旗袍的照片，甚至自己开始动手设计旗袍，请裁缝师傅帮忙加工，"之前还是有时穿穿的，之后就完全上瘾了。"

被外派孔子学院前，她在北京语言大学参加30天的培训，带了30件旗袍，打算每天换一件。穿到第3天时，其他老师就按捺不住，主动和她搭讪："郭老师，你的旗袍好漂亮啊！"她们纷纷涌到她的宿舍，试穿旗袍。

"要不郭老师组织个旗袍秀吧。"同行的老师提议，大家纷纷附和。于是，老师们开始在北京买旗袍、做旗袍，实在来不及的就穿她带来的旗袍。

在结业典礼上，旗袍秀轰动全场。“从组织策划到解说都是我一人负责的。”郭晶萍自豪地说。

在美国的课堂，旗袍更成为她传播中国传统文化的媒介。

她用自身去诠释旗袍，有时也会用芭比娃娃当道具，演绎她亲手制作的微型旗袍样品。身为中西方文化的传播者，郭晶萍是用心的，用这种更贴近生活的手法，与外国学生分享，什么是中国人对于文化与服饰的阐释，什么是浸润到生活细节中的传统东方美学素养。她自信地说：“我希望通过身体力行的传递，告诉不同文化背景的学生，中国文化很深厚也很酷，甚至很时尚。”

在美国，不仅是郭的学生，更有擦肩而过的美国女性，主动与她交谈，告诉她“You're fabulous(你很美丽)”“I like your dress(我喜欢你的衣着)”……

这些赞美让她心里甜滋滋的，更加深了她传播中华文化的使命感。在美国，她会主动在报纸、电视、网络上查找与中国文化有关的活动，有意识地去结交当地的华人团体和爱好中华文化的组织。有一次，她在报纸上看到南佛州诗社有个聚会，不辞辛苦开车一小时去参加，又结识了新的旗袍爱好者。

现在，她已经是佛州旗袍会的副会长了，策划了大大小小不下100场旗袍秀。

“要给学生一滴水，自己得有一桶水”

郭晶萍是英语教师出身，所以刚开始交换到孔子学院时，她是有点不自信的："国外的学生对中国文化更感兴趣，我回答问题要更细致明确。"所以她努力钻研中华文化精髓，把自己的日子也过成了一幅中国画。

多年来，她一直醉心于中外古典文学、传统旗袍、女红，后来仍不满足，又将爱好发展至集邮、茶艺、扇子收藏、手作扎染蜡染、马赛克饰品等方面。

"在美国每学期 16 场中国文化讲座中，我会给学生们分享茶文化、扇子文化、旗袍、剪纸、扎染、风筝等内容，而我的日常收藏、手作都是讲座中生动的课件，深受外国学生喜爱。"

小小的邮票不仅是世人皆知的中国符号，也蕴藏着深邃的传统文化知识。2011 年，一个偶然的机会，郭晶萍在美国花 30 美金买了一本关于邮票的书，从此对邮票开始感兴趣，专项收藏与中美传统文化有关的邮票，至今已有近 6000 枚藏量。

"例如，给美国学生讲茶艺，讲少数民族风情，讲古乐器、民俗、四大发明等内容时，小小的邮票都能将这些内容表达出来。这些图案很直观，也很生动，学生们都非常感兴趣。"郭晶萍说，"在这些邮票中，我对 1983 年出版的"金陵十三钗"邮票情有独钟，未来，我或许会将邮票中的中西方女性形象，作为我的一个研究方向。"

每次从国内返回迈阿密，郭晶萍还会带上一大箱子小玩意儿，有蜡染的小工艺品、中国结、旗袍形状的花瓶、扇子等。郭老师介绍说："这些小东西是带到美国去给学生做奖励的，外面的中国风东西不正宗，学生们都抢着向我讨要这些好东西呢。"

更有学生通过她的课堂，因为对中国文化共同的喜爱而结下了情缘。

来自深圳的留学生小何是达德学院中国文化俱乐部的志愿者，是郭老师筹划各类文化活动的好助手。美国学生苏菲对中华文化极其感兴趣，是郭晶萍十分喜爱的得意门生。两颗年轻的心因为对中国文化共同的热爱，终于碰撞在了一起。

如今，他们已热恋一年。郭晶萍很高兴自己做了回月老："他们都还很年轻，因为热爱中国文化，心生情愫，互帮互学，让人很感动。"

保留一种中式人文情怀

从郭晶萍家客厅的陈设就可以看出，这是一个热爱中华文化的有心人。

书柜里满满当当都是她多年来收藏的中国传统文学的英文译著，莎士比亚全集及中译本，中外历史、文学名著，诗集，博物架上还有她精心搜集来的扇子、茶具。而油纸伞、香炉、书签等其他具有中式细节的小玩意儿，则无序而恰到好处地散落在这个空间内，在小角落里营造出一方小而精的景致。

客厅是开放的，你无法定义这个空间，说它是书房、教室、琴房、画室、收藏品展厅、友人雅集的聚所，似乎都是贴切的。郭晶萍对这个空间的定位是："有利于朋友聚会，能营造出一个中式文人的人文体验空间就好。"

她常邀请友人一起采用传统的扎染方式染制丝巾。从设计图案、调制染料、着手染制到揉搓、蒸制、固色，最后完成。起初的一幅白绢变成了设想中的丝巾。

三五好友聚于此，谈吐逸兴，悠闲自在。郭晶萍和她的朋友们品茶、弹琴、吟诗、做手工、游戏，抑或仅仅是闲聊……在这小小的私人空间里，传统文化温温和和、安安静静地渗到每个人的心底。郭晶萍说："朋友们喜欢来这儿，每次来都会着中式服装出席，我很珍惜这种珍贵的形式感。"她希望和更多同道中人一同体验中式文人情怀的生活。

翻看郭晶萍的朋友圈，你能感受到屏幕中溢出的对中华文化的喜爱。短短的一个假期，她拜会了徐州各界文化名人，有做绣球的，有做印染的，有教作词的，也有教写诗的。她从美国回来后，6月带家人去了杭州，7月中旬全家一起游历新疆。而在8月再次返回美国的时候，她带上了几件更传统的汉服。

"在孔子学院还剩下一年的时间，我会尽我所能努力传播、学习中华文化。"郭晶萍说。

发表于《江苏师范大学报》第568期第三版 诸未静(2015-11-25)

“高被引”学者是怎样炼成的
——访我校连续两年入选爱思唯尔中国高被引学者榜单者屠树江教授

匆匆洗了把脸，屠树江教授打起精神，从刚刚结束的学术会议现场走出来如约接受我们的采访。这位在2014年度和2015年度连续两年入选爱思唯尔中国高被引学者榜单的教授精神矍铄，一双剑眉更显得睿智从容。在他并不大的办公室中，和我们谈起他这一路走来的感悟和心得。

小概率　大视野

爱思唯尔中国高被引学者榜单基于客观引用数据对中国研究者在世界范围内的影响力进行系统分析，榜单将1000多位最具世界影响力的中国学者呈现给学术界和公众。入选这样一份榜单，对于多数学者来讲都是一份极具权威的认可。但在屠教授的眼里却仅仅是个“小概率”的事件：“去年，有不少人给我发信息、打电话，祝贺我入选榜单。对于我来说这是个小概率事件，具有偶然性。”他的语调平稳且缓慢，“今年入选，我认为仍然不排除是个小概率事件。”

在屠教授看来，做研究不在于发表文章数量多少，也并不看重结果如何、得不得到认可，重点是做研究的眼界。“大家关注的前沿问题其实是差不多的，如果不关注前沿问题，自然不会被有多少引用。”而要想成为真正的“高被引”，自然就要在这些领域上有所建树。对于屠院长来讲，就是要率先在前沿问题上开展真正的有开创性的工作：“要关注这个学科需要解决的关键问题，找不到关键科学问题，研究水平就上不去。所以对于做科学研究的人来讲，最主要的就是找这个领域的关键问题。”

说起来容易，真正要想在前人未曾涉及、当下人人关注的领域做出具有世界领先水平的成果，在他刚开始进行科学研究的时候并不是一件轻松的事。“对于科学研究，成功和失败都是常有的事。”曾经有 3 个月，他每天早上 8 点进实验室，深夜 12 点才离开。无法预知的实验结果往往让他的心情跌宕起伏。前一天还激动不已，后一天就仿佛坠入地狱。“如果是好的结果，疲劳会消散不见；而如果是个坏结果，那身心的疲倦会成倍地袭来。”有时候甚至还会经历“痛苦到你无法忍受的过程”。

他形容自己就像在经历一场修炼，境界在提高；而他讲的境界，就是一种看待问题的大视野。“我面对失败想的是如何把这样一件坏事变成好事，总结原因，寻找突破的办法。”

虽然每天要把 80％的时间都用于处理公务、谋划学院发展，剩下寥寥无几的时间还要投入科研工作，但这样的日子屠院长并不觉得辛苦，因为他享受这样忙里偷闲的研究过程，常人眼中艰难的科学研究在他看来已经成为一种乐趣。

作为化学化工学院院长的屠树江，更是把他强调的视野观念带到了工作中。对下属，他希望人人都能提高自己的眼界，这既是要求，更是经验。“科学的视野要高。”他说，“许多年轻老师，可以做很好的助手，但自己做研究却不行。动手能力够了，动脑能力却不行。”这就是视野问题。

正是由于这样的身体力行，现在的化工学院成果突出。而在这位和善的院长看来，这仍然是“小概率”事件。在化工学院，无论是研究生还是老师，都在拼命干，形成了勤奋竞争的良好氛围。“这样来看，出成果是正常的，不出成果才是意外。”虽然还是平缓的语调，但掩饰不住的喜悦还是透过脸上的微笑表达出来。

“放眼20年后，世界制药行业的领军人物中，要有我们学校培养的学生，这个概率是有的。”屠院长为不久的将来立下了宏伟壮志。前期扎实的积累与培养，使傲人成就的获得变得不再是“小概率”。

教学梦　育人情

忠诚教育事业，热爱教师岗位，或许这样的句子来形容今天的人民教师显得有些落入俗套且空泛，但对于这位教授、这位老师来说却是一生的追求和信仰。屠教授1983年毕业于师大并留校工作，学于斯教于斯，30多年的时光，是割舍不了的感情，是解不开的教学情结。

他的弟子杨峥对记者说：“每次组会，屠老师都会提3点：做人做事做学问，这是他在教我们做人，也是他人格的体现。”做人做事做学问，屠教授正是如此。学术有成的同时，他不忘师大的栽培，服务师大，扎根师大。杨峥笑着道：“说句比较土的话，吃水不忘挖井人！”

现在屠院长每年还会指导大概10篇的本科生论文，另外担任研究生导师。他是这样要求自己的，同时也把这种教育理念传达给学院的老师们:“大学老师,作为老师的天职就是上课。上课的本领是最基础的,当老师要好好把课上好,要做一个受学生欢迎的老师。当好老师之后再把科研搞好。”

教学情结,并不只是把大学老师的天职与教学挂钩,屠院长在自己的教学实践中也有独特的见解。他讲自己的教育是“不断设问式的教育”,是为了培养学生的兴趣,同时让思考成为一种习惯。“比起灌输式的教育,我是不断地设问。”他的课程都是创新的,不全按教科书来,根据现有的水平,提出科学前沿最热点的问题,让学生拿出方案解决问题。现在已经是副教授的郝文娟老师回忆当时跟随屠院长学习的经历说:“讲到中间体碳正离子、碳负离子及自由基等有机化学中重要的中间体时,屠老师让同学们查阅相关文献并讨论反应的优缺点,并就文献中的反应提出自己的想法,说说能不能有更好的方法同样能得到类似的结果。”屠院长就是这样一点点潜移默化地培养学生们的发散思维和创新性。“那时候学校的文献数量不够,屠院长就亲自带着研究生去南京大学查文献,每天泡在图书馆,和同学们一起找文章看文章,然后交流心得。”

提起曾经获得第八届中国青少年科技创新奖的2014届化工学院优秀毕业生傅丽萍,屠院长不无骄傲地说:“傅丽萍不是一个个案,现在的许多学生比她还优秀。”现在化工学院每年都会有本科生在高级别刊物上发表文章。屠教授的话很质朴:“要求所有人都成功这是不可能的,但是能够让一部分人成功,那么这种方式就是成功的,就是一个胜利。”

苦心志　天酬勤

谈起一代又一代的年轻人，屠教授欣赏他们的聪慧敏捷，夸赞他们接受新事物的能力强，但也提出了问题：如何把这些优点转化成优势呢？他用“薄层层析法”比喻当代的大学生，原理与我们高中时候用试纸测叶绿素、叶黄素的波长相类似。或者通俗地说，同场竞技，100米之内差不多，200米有差距，300米之后差距慢慢变大，同是坐在一间教室里，可是未来的人生也可能大不相同。为什么呢？

他语重心长地说道：“因为你们太缺少吃苦的精神了。”屠教授坚信：只有用辛勤和汗水才能成就梦想。他希望大学生们能充分利用时间，培养自己发现问题、分析问题、解决问题的能力。偷懒耍滑的人是傻瓜，只有脚踏实地地学知识、做学问，才是真正的聪明人。这也正是屠教授最看重的品质。

在采访中，他多次提到人格境界，对年轻人的期盼更是如此。“这代人往往过多地考虑自己而忽略他人，其实，奉献高于索取。”任何一种回报都是和付出成正比的，不知道奉献的人永远不受欢迎。就像屠教授自己，虽然工作、科研种种事情繁忙，但每当有年轻老师需要他帮助时，他总是义不容辞。在他的办公桌上，摞着厚厚一沓国家自然基金项目申报书。每一本申报书他都要花10个小时以上的时间来修改、完善。他笑着说：“年轻人都愿意来找我帮他们修改申报书，我也特别愿意能够帮助他们。”

他还鼓励年轻人多看书，“书中自有黄金屋”，但“读书要进脑海，如果不深入思考，就‘如入宝山空手回’了”。屠教授引用的这句杨显之《郑孔目风雪酷寒亭》楔子里的一句诗，表述自己对于读书与思考的态度。“有所思的阅读，才能有收获，就像化学合成新物质一样。”屠院长风趣地打了个比喻。

辛勤的付出与努力成就了眼前这位闻名遐迩、著作等身的学者，在成名以后仍能不忘初心，谦以待人。“我是一个只有本科学历，既没有考研，也没有读博的土八路。我用了三年的时间实现了从副教授到教授的破格晋升，用了五年时间完成了从普通老师到硕导、博导的转变，用了七年时间走过了从国际二十多个重要刊物的审稿人到美国三个重要刊物的编委的路程，用了九年时间实现了从国内到国外、从低级别论文到世界有机化学类高级别论文的全覆盖，用了十一年时间获得了教育部自然科学二等奖，用了十二年时间实现了从教育厅项目到江苏省自然科学基金、国家自然科学基金面上项目、国家自然科学基金重点项目的过渡。”和屠树江教授对话总能感受到一种受鼓舞、受感染的力量。他的谦虚和淡泊与“中国高被引学者”的殊荣相得益彰，尤显长者风范。令人尊敬的并不只是这样的学术成就，更是朴实的他所散发出的人格力量，“高被引”学者就是这样炼成的。

发表于《江苏师范大学报》第 574 期第三版 钱思衡 阮梦茹 李文静(2016-03-25)

打通社会科学研究的“最后一公里”

——记我校陈延斌教授的科研理念和实践

家庭与家风，两个让人在任何时候都能感到暖意并且心生敬畏的词语，在今年的两会期间成为热词之一。全国人大代表、江苏省委常委、宣传部部长王燕文与多位代表联名递交了一份提案，就加强家庭与家风建设提出了一系列建议。而这样一份“带着温度的提案”，源自江苏师范大学陈延斌教授的一封建议信。

学者：从书斋到家国

来到江苏师范大学伦理学与德育研究中心，记者见到了建议信的作者陈延斌教授。“抱歉，让你们久等了！”陈教授满怀歉意地说。刚忙完学生的论文预答辩，就匆匆赶回办公室接受我们的采访。他面容和蔼，一副儒雅的谦谦君子风范。

环视陈教授的办公室，柜子里、茶几上堆满了书，书桌上是他正在主编的《中华十大家训》。墙上挂着“俯仰天地”的书法作品和一幅淡雅的水墨画，阳光照进来的地方放着一盆君子兰。目光移到书柜顶部靠里侧的地方，几块荣誉奖牌交叠放着，隐隐约约能看见落款为中央文明办的“未成年人思想道德建设创新奖”字样。

“中国传统伦理思想是我研究的主要领域之一。”陈教授的话将记者的目光拉了回来，“尤其是传统家训文化。”陈教授介绍说：“家训，主要是家长、族长对子弟、家人、族众有关睦亲齐家、立身做人、修身处事的教诲训示，也有一些是夫妻间的嘱告、兄弟姊妹间的诫勉、劝喻。家风则是一个家庭的风气、风格与风尚，是家庭、家族在世代繁衍发展的过程中传承下来的生活方式、思想观念和情操作风。中国传统文化的核心是家文化，家训教化、家风陶冶关系到家庭和美、社会和谐。今天的家庭仍然是社会的细胞和人生的学校，所以加强家庭家风建设仍是要着力做好的重要工作。”

作为一名哲学社会科学研究工作者，几十年来，心怀家国的陈教授在进行学术研究的同时，一直致力于通过自己的研究成果，服务于国家和地方的社会建设、文化建设，为党和政府相关部门提供有价值的对策建议。应我们要求，他简要介绍了目前他主持的国家社科重大招标项目“中国家训文献资料整理与优秀家风研究”的有关情况。他说该项目主要有两大任务，一是编纂《中华家训文献集成》；二是完成《培育时代优秀家风对策报告》。他认为：“要是每一个家庭都能注重家教家风，我们的核心价值观教育就更加接地气了；要是每个家庭都能做到孝亲敬长，齐家睦邻，诚信友善，我们的社会风尚就会变得更好了。”

如今，“官二代”“富二代”“星二代”的问题日益突出，父不慈子不孝、家庭暴力、婚外恋情等违法悖德社会现象也屡见不鲜。谈到这些社会问题，陈教授充满忧虑：“归根结底就是家庭教育出了问题！”他说，近年来随着社会转型、人口迁徙，加之市场经济发展过程中一些不正确的价值导向，造成了家庭美德的滑坡和优良家风的衰落。基于此，他将自己的思考写成了《关于加强家庭建设的若干建议》，刊登于今年第123期的《人民日报内参》。2月25日，在参加中宣部、全国妇联举办的全国“最美家庭讲好家训”经验交流会后，陈教授就建立江苏省家庭家风建设研究机构、整理编辑江苏历代名人家训、制订《江苏家庭建设实施意见》等写成了建议，交给江苏省委宣传部王燕文部长。当天，王部长就逐条作了批示。几天后，在王部长赴京参加全国人代会前一天，她又建议陈教授将部分内容修改为会议提案，于是关于制订《家庭法》、加强家庭建设的两个提案被带到了人大会议上，并引起了强烈反响，被誉为“有温度的提案”。

付出：从理论到应用

人文科学研究不应囿于书斋，更应该走向火热的生活——这是陈教授始终秉持的理念。他的贡献绝不仅仅是《关于加强家庭建设的若干建议》和两份提案，这些年来他一直在帮助多地推动开展社会主义核心价值观大众化和家风建设活动。徐州市未成年人道德养成实验和“最美家庭讲好家训”活动、沛县的“好人建设”主题教育、海门市核心价值观基层实践、洪泽县“传承好家训，培育好家风”系列活动等等，都凝聚着陈教授及其团队的心血与汗水。

当谈起这些“接地气”活动时，陈教授如数家珍。他介绍，与徐州市教育局、徐州市文明办合作开展的未成年人道德养成实验研究，取得了显著的成效。2007年，徐州市教育局、徐州市文明办联合发出文件、召开会议，在全市中小学、幼儿园推广实验研究成果；2008年11月，在由中央文明办和中国伦理学会主办的“首届中国未成年人思想道德建设论坛”上，研究成果得到与会领导和专家的一致好评，他们认为该成果“为青少年道德养成探索了一条可学可鉴、行之有效的途径”。与沛县县委合作开展的社会主义核心价值观建设主题教育活动也取得了良好效果，“做好人、做好官”在沛县蔚然成风。《光明日报》《人民日报》都专题报道了沛县经验，江苏省委书记罗志军还作出推广批示。这些让陈教授感到十分欣慰，他笑着告诉记者，活动开展之后，沛县涌现出了一批又一批好人善举，短短3年间就有9位国家级好人、112位县级以上好人受到表彰，社会各界参与活动人数多达80万人次。在这个广受好评的项目背后，离不开陈教授和其团队的辛勤付出：实地调研撰写报告、组织编写《沛县好人故事》乡土教材、参与修订“好人沛县”建设考核指标体系、策划活动方案和举办“社会主义核心价值体系与好人沛县建设”研讨会等等。目前，洪泽县开展的“传承好家训，培育好家风”活动也正在陈教授团队的指导下向纵深发展，中央电视台《焦点访谈》栏目和《人民日报》都介绍了洪泽县以优良家风促党风政风民风建设的经验。

“一部分学术研究要在书斋里完成，而一部分则要走进生活中做。”当谈及做这些项目的原因时，陈教授这么回答记者：“伦理学是一门实践性很强的学科，既要求研究、传播伦理学的知识，更要求努力践行。要更好地发挥伦理学学科的作用，研究就不能只在书斋里，而要与现实社会实践紧密结合。”养子弟如养芝兰，既积学以培养之，又累善以滋养之。为人师者的陈教授用脚踏实地、兢兢业业的治学精神影响着他的学生们。

在洪泽县举办的家训演讲大赛中，有一位参赛选手这样说：“参加这个活动，让我对自己的家规有了更深刻的认识，而且我在听别的参赛选手说他们家风的时候也感触很深，尤其是孝道家风，是对中华传统文化一种很好的弘扬。”驻足于洪泽县社区的家训墙前，漫步在家训长廊中，记者被一幅幅生动形象富有教育意义的壁画、箴言吸引着，更被其所传递出的精神感染。情景剧、家训演说大赛、歌唱比赛等一系列活动，使得每个洪泽人都如沐春风，受到潜移默化的熏陶教育。对此，陈教授十分欣喜，在他看来，这些活动让“尊老爱幼”“孝敬父母”“团结友善”等观念在老百姓心中生根发芽，也让更多的人了解到优良家风的作用和家庭建设的重要性。他说：“显然，这是在办公室里坐而论道所不能达到的效果。”

期盼：从家庭到社会

怎么使社科研究更接地气，更好地服务于改革开放的伟大实践？这也是陈教授在采访中提及最多的问题。他主持的两个社会主义核心价值观建设的国家社科基金重点项目，也都力求为培育和践行社会主义核心价值观寻找实效性对策，这成为他带领团队几年来努力推进课题实证探索的动因。弘扬中华优秀家训文化，让社会主义核心价值观在群众心中落地生根，以家风建设助推党风政风民风建设，陈教授带领团队探索的脚步从未停止。有了徐州市、海门市等地实证研究的宝贵经验，陈教授决心使课题的研究成果发挥更大的实践指导作用。近期，陈教授正积极推动由江苏师范大学、省文明办和省妇联共同组建的“江苏省家庭家教家风研究院”，以此来汇聚学者智慧，让论文变文件，使课题研究更好地服务于社会、融入火热的现实生活。

陈教授团队中的一名成员告诉记者:“跟着陈老师在洪泽县开展家风建设活动,让我走出了相对闭塞的书斋研究环境,实践出真知,我找到了很多以前找不到的答案,也更好地理解了自己的研究在做什么,该怎么做。我也看到了我们搞研究的现实意义,更相信自己所做的研究是对社会有用的。”

徐州“最美家庭讲好家训”的活动在全国备受好评,“讲+演”的新模式让大家更加直观地感受到良好家风的精神力量。近日,我校以“廉洁齐家,树立良好家风”为主题的“我的家训故事”征集活动也拉开序幕,号召全校师生将家训写下来、挂出来、记心里,分享家训故事,传承优良家风。陈教授对此十分赞赏:“我觉得我们学校现在搞的家训故事征集活动非常好,每个家庭都有自己的家训,有的是有形的,有的是无形的;有的是有文字传承的,有的是父母以身示范的,这些家训对人的成长,特别是为人处事品德的养成起着潜移默化的作用。”

四月的校园里,家训征文热潮也如盛开的百花,美好而热烈。同学们非常乐于谈论这一有趣的话题。因此,利用征文活动寻找精神力量,引导同学们认识与思考时代家风家训如今显得尤为重要。“我的家训故事”征集活动的开展也对我校的学风党风政风建设有重要的意义,“我们在外面搞家风家训的实证研究,也应该在我们学校内部营造一种传承家训培育家风的良好氛围,通过‘我的家训故事’活动,与大家分享家庭教化自己的经验和故事,使大家共同受到教育,同时也借此感念父母的养育教诲之恩,这是增强与父母感情的一个很好的方法。”陈教授希望大学生们认真研究我们民族优秀的家训文化,他认为这是中国人特有的家庭教科书,是先人们留下的宝贵的文化遗产。传承优秀家文化，培育时代优良家风，是每个人每个家庭都应该努力做的事情，要将这一理念传递出去，让更多的人了解中华家文化的内涵和精神。

在治学的道路上，陈延斌教授走出书斋勇于实践，打通了社会科学研究的“最后一公里”。“空谈误国，实干兴邦”，在写这篇稿件的时候记者深切地感受到了这一点。眼前浮现的是他所做的应用研究：小城、百姓、基层活动……这些象牙塔里看不清楚的风景，在陈教授眼中，却是搞社会科学研究最要紧的实在。“家门和顺，虽饔飧不济，亦有余欢；国课早完，即囊橐无馀，自得至乐。读书志在圣贤，非徒科第；为官心存君国，岂计身家。”在结束这篇采访稿的时候，想起《朱子家训》的这几句箴言，更加体悟出陈教授矢志不渝的治学理念，更能感受到那一份心存家国的学者责任和浓郁情怀。

发表于《江苏师范大学报》第576期第三版 鄢笑笑 丁雅宁 大树(2016-04-15)

做学生都喜欢的“魔法”校长

——访江苏师范大学附属实验学校校长周慰

电影《哈利·波特》中有一位在魔法学校深受学生喜爱的校长——邓布利多。他是学生眼中最具智慧和影响力的老人，也是老师心中无比敬佩和支持的领导。看过电影的很多人都幻想自己也能遇到这样的一位校长，而在江苏师范大学附属实验学校里，就有这么一位“邓布利多”——周慰校长。

“对于每一个孩子而言，校长就像个智者，引领着你，给你指出前进的方向。”以复旦大学为目标的高三学生高爽霆这样描述他眼中的周校长。周慰自2013年来到江苏师范大学附属学校担任校长，在短短的三年时间里，用自己独特的人格魅力感染、改变着学校的每一个人，在将自己的教育理念付诸实践的同时也收获了师生们对他的尊敬和认可。

梦想校长的孤独路

“即使羁绊一生，我也甘之如饴。”这句话对于周慰校长而言，羁绊他一生的梦想就是做优质教育。2013年3月底，周慰放弃了镇江国际学校主管校长岗位，来到了徐州，来到了师大附校。“我做梦也没想到这一次彻底改变了我的命运。”周校长回忆道。

虽然甘当人梯铺路石，但学校建立之初的困难是不言而喻的，尤其是建立一所囊括了幼儿园、小学、初中、高中以及国际部，在全国都为数不多的“十五年一贯制”的学校。用周校长自己的话来说，建校三年来，学校的发展就如同三声巨雷“嘭、嘭、嘭”。每一年都以一千多名学生和一百多名老师的数量递增。爆炸式的增长让周校长感受到前所未有的压力。在短暂的调适后，周校长耐下心来将自己的每一个想法、每一个教育理念渗透给每一位老师，并且要确认老师们把这些想法变成自己的行动。他每天都到教室去听课、到办公室与老师沟通、巡查校园的每一个角落。据随行人员统计，2015 年周校长在办公室的时间累计不超过 5 小时。他自己也说：“我人一直在学校里面，但你可能不知道我具体在哪。我总是在学校的各个年级、各个班级、各个部门去帮助解决他们的困难。”

“做教育的人是有梦想的，没有梦想的人就不要做教育，但是有梦想的人会很纠结很孤独。”在面对自己年过半百、学校教学品种多、学校急速发展以及合作办学难等问题，他发出这样的感慨。“我也无数次地想过放弃，但就是不甘心。”面对错综复杂的问题时，周校长的解压方式是——听课。“我往教室一坐，跟孩子们在一起，就什么都不想了，看到孩子们一张张求知若渴的脸，我又开心了。”孩子们的笑容和渴望，老师们的努力和改变，是他在这条路上不断前进的动力。“在这近三年的时间里，我反复地想，支撑我走下来的是什么？应该是我们的老师和学生。我们的老师真的很敬业，对我也很理解、很关心。我们的学生需要我，也许我们的一点努力就能改变一个孩子的成长轨迹。”周校长郑重地说道。

教育需要“精细”，孩子需要“鼓励”

“我追求细节，但不是纠结细节的人，只是希望将方方面面的细节都做好，让孩子受惠，不能因为自己的粗心大意，而对孩子的教育有不到位的地方。我常说德育、教育是无时不在的。”谈及细节问题，周校长这样说：“德育无小事，但是德育又处处是小事。”首届高三年级，对学校很重要，他曾要求高三各学科老师对每个孩子的学科知识的不足了解细化到每一个知识点，并给予针对性的辅导，“高效始于有效，有效始于针对，针对始于了解，了解始于沟通”。他在对老师提要求时，也总是细化到每一个路径、每一个方法。“只有工作细化了，才能把孩子们接受好教育的偶然性变成必然性”：他会在早上检查晨练时，要求跟班老师不准把手插在兜里，并立正站着，做学生的表率；他也会在听课后单独到老师的办公室里逐一说明存在的问题。

“其实是教师们的理解让我在最初的建校艰难阶段充满动力，但他们对我都是又爱又怕。”周校长的绝对坦诚赢得了教师们的敬佩和支持。作为曾经在一线教学 38 年的老教师，周校长将老师们课上的每一个细节关注到底，总能一针见血地给老师们提出建设性的意见。

在对老师提出严肃的细节性要求的同时，周校长更注重对学生的鼓励和个性化的教育。他提倡对学生的评价进行改革，“将对学生的谈话变成对学生发展的策划”就是其中的一条，让学生在老师对其不断地“策划”中健康成长，让孩子在赞扬和鼓励中提高自己。他说：“对学生要做几个多一点，如：上课给孩子自主表达观点多一点，平时给予孩子公开的肯定多一点，挖掘孩子身上的亮点多一点，批改作业时面批多一点，走廊相遇时微笑多一点。因为关爱始于关心、关心始于关注，对孩子多一点关爱，再放大孩子的优点，孩子身上的缺点一定会同步减少。”

“他有时间就会在学校里巡查，而且我们周校长经常笑，没有那种师生之间的距离感。我们私下里都称他是一个和蔼可亲的老头，觉得他特别的可爱。所以困惑的时候我们都会去找他，和他一起聊天，他总会给我做出一些指导。”有着外交官梦想的高一(4)班闫海龙讲述着他眼中的周校长。而在建校之初就从东北过来的刘丽霞老师，同样感受到了整个团队的力量：“最令我可心的地方就是，在这里有来自全国各地的优秀教师，周校长更是一位优秀的校长，跟优秀的人同行我能变得更优秀。”

四月的校园，阳光灿烂，春林初盛。在一路的校园参观过程中，下课去吃饭的学生们争相笑着向周校长行礼，还有学生直接过来跟周校长熟络地聊天，校长低头嘱咐的时候还不忘推推要掉下来的眼镜。举手投足间让人感觉看到的不是校长对学生的关心，而是爷爷对孙辈的喜爱与宠溺。他常用明天的太阳来形容孩子们，而自己和老师们的责任就是共同托起这明天的太阳。

创新实践者的探索路

三年的时间，在生源质量不高的情况下，江苏师大附校却取得了令人瞩目的成绩：2014 年首届初中毕业生中考均分全徐州市第一；2014 年首届高中学生在“小高考”中以 4 A 率 32.8%和人均 2.85 A 的成绩位列全市第三，2015 年继续保持良好势头；今年即将参加高考的首届高三学生，在期末考试、全市一检、二检、苏锡常镇一检联考中均取得了本二模拟上线 70%以上的成绩……

附校的这种春笋破土之势，让其成为老百姓心中十分向往的学校。漫步其间，花坛四周插着各班学生自己设计的班旗，学生活动中心挂着每个社团的简介，教学楼阳台的玻璃栏板上是学生们对中国传统文化的手绘，班级里的图书角、“爱的家园”主题办公室，无一不体现着周校长悉心打造的校园文化。

今年 2 月 15～16 日，周慰校长作为中方代表团 20 名中国知名校长中的一员，参加了在巴黎联合国教科文总部举办的“中欧知名高中校长论坛”。在专题演讲中，他将“十五年一贯制创新人才培养”的办学理念、阶段特点、发展概况、能力培养、素养提升等情况向与会专家作了汇报。其精彩的演讲与广阔的教育视野得到了与会专家的广泛关注，发出了江苏师范大学积极探索中国基础教育的最强音，也得到了著名教育家顾明远、谈松华、陶西平的关注和认可。

虽说教育理念是一贯制，但办学形式和最终目的还是落脚在创新人才培养上。这样的教育理念需要各种活动平台支撑，为了培养出创新型人才，周校长在对品牌活动的打造上下了一番功夫。

每年 10 月，学校会组织全校学生进行远足活动，对非毕业班学生，其远足活动的主题为“成长，从行走开始”；对毕业班学生，主题为“成功，从攀登开始”。学生们爬上 361 米的徐州最高峰大洞山的勇气激励着他们在未来的成长中不断勇攀高峰。周校长自己亲自率队，带领所有高中部学生去北京参观清华、北大，去上海参观交大、复旦等知名学府，其主题为“成才，从体验开始”，不断地开阔学生的眼界，也提升了他们成长过程中的境界。

每年年底，是学生们最喜爱的“爱心嘉年华”活动：全校停伙停课，开设附校大舞台、跳蚤市场、美食一条街等等。活动还成立了模拟社会机构，让学生扮演不同的角色，培养学生的动手能力，更培养了学生的财经素养和法治意识，同时各班级将盈利的一半作为爱心基金捐献给贫困学生，让爱意充满在校园里。“在去年全校的‘嘉年华’活动中，周校长还和一个孩子就一幅画‘讨价还价’了半天，最后用80块钱买了这幅画。”小学部朱伟校长笑着回忆道。周校长主张学生根据自己的兴趣和想法，发起并创立各种社团，并将社团活动排在正式的课表中。周校长认为：“只要你有想法，你想做、敢做，你就有机会、有平台去做。让孩子不断地挑战并战胜自己，是孩子重要的成长过程，过程就是一种经历，经历就是一种财富，孩子的成长就是不断积累这种财富的过程”。

前不久，学校专邀中科大天文系博士生导师袁业飞来校给学生作关于“引力波”的学术讲座，在与学生的互动中，学生们精彩的提问和表现给袁教授留下了难忘的印象。袁教授在接受小记者采访时说：“我惊异于学生们的阳光自信和宽广的知识面，同时我也惊讶于同学们提出的问题深入而专业，以及他们身上展现出来的对科学的浓厚兴趣。”

除了通过丰富的课外活动来培养学生自主能力和选择能力，学校以高一年级为试点，对学生进行人生生涯策划。周校长认为“用人生生涯的策划逐步形成学生自己的长远发展规划并进而形成学生自己的阶段性成长计划，是学生能否自主成长、自主发展的重要过程”，为此周校长也多次主动为学生进行策划。这几天，高一国际部的穆佳慧因为比赛没有舞伴的事找到周校长，周校长就尽心地为她出主意、想办法。“这个孩子呢，她获得过拉丁舞国际金奖，还有机器人舞蹈大赛全国冠军，为了进入她心仪的哈佛大学，她想寻找一个合适的舞伴，去美国参加世界最顶尖的拉丁舞国际大赛。孩子的自信心，让我非常感动。我呢，就是有一个梦想，在徐州、在贾汪能不能培养一个哈佛女孩？”周校长期待地说道。

如同霍格沃茨魔法学校有史以来最鼓舞人心和受人爱戴的邓布利多校长一样，周慰正是江苏师大附校里的“邓布利多”，同样的和蔼可亲、严肃认真，同样的备受师生欢迎，同样的拥有让人敬佩的智者气度。即便他没有魔法棒，也不会魔法，他自身却充满着魔力，一种让正在读书的孩子不愿离去、让离开校园的孩子想要回来的魔力；一种能够集合所有人的力量，让学校的明天变得更加美好的魔力。

发表于《江苏师范大学报》第 577 期第三版　杜欣娥 黎安 梁燕婷(2017-04-25)

"生态卫士"的美丽家园梦

——访生命科学学院冯照军教授

117个单位和个人入选,历时两个月评选审定,今年上半年,徐州市首届"守望家园"杯生态卫士评选活动圆满落幕,我校生命科学学院冯照军教授当选"十大生态卫士",并在颁奖典礼上作为获奖代表发言。

带着敬意和好奇,我们来到了冯照军教授的办公室进行采访。四月的春天,微风从窗外吹进室内,带来清新的大自然的气息。我们被冯教授办公桌旁的六七个装着水草和清水的水槽吸引了。冯教授主动介绍道:"这些可都是我的宝贝啊!"原来这些水槽里面装着的是冯教授从各地采集来的水藻和小虾,为接下来进行的实验进行准备。怀着一份好奇,我们和冯教授进行了交谈,发现更多属于他的"宝贝"。

做倾听动物心声的知己

采访刚开始,窗外突然传来几声清脆的鸟鸣,黄绿色的身影一闪而过。我们抱着试一试的心态问,这是什么鸟?没想到背窗而坐的冯教授竟然仅凭声音便立刻肯定地告诉我们是白头翁。我们不禁赞叹:"太厉害了!"冯教授笑着解释道,这是他们的必备本领之一,在冬季树上叶子掉落后可以通过鸟的体态来辨别种类,但是当夏季树叶遮挡鸟类的体态时，便需要通过声音来辨别是哪一种鸟。

为了让我们对白头翁有更加直观的了解，冯教授从桌旁的书橱里小心仔细地拿出一本被翻得泛黄的国内最权威著作《中国鸟类野外手册》。打开书页便可看见上面画满了密密麻麻的标点记号。从一开始认不得几种鸟类到现在熟知200多种鸟类的生活习性，这密密麻麻的记号便是冯教授日积月累勤奋钻研的最好见证。在翻看过程中，冯教授对鸟儿们的体态特性如数家珍，一一向我们认真细致地介绍着。"mo-gi-you-"的鸟鸣尾音略似"如意如意"，这是冯教授最爱的画眉鸟的叫声，爱极了它时而高亢洪亮荡气回肠，时而又悠扬婉转如行云流水般的鸣叫。见我们兴致盎然，他便继续向我们介绍起来：泉山校区范围内经常活动的鸟类共计50多种，常见的有白头翁、乌鸫、麻雀、灰喜鹊等，白头翁一般额至头顶为黑色，两眼上方至后枕为白色，是长江以南广大地区常见的鸟类；乌鸫又叫百舌鸟，叫声婉转动听，擅长学唱，具有上百种不同的叫声。他顿了顿说："你们听，这就是乌鸫，它们的嗓门特别大。泉山校区还有两种噪鹛，叫声更为清脆、洪亮，听到它们的声音更让人有心旷神怡的美妙感觉。"

爱鸟，熟悉鸟类，冯教授类于鸟类的研究课题数不胜数：泉山森林公园两种噪鹛数量、分布和空间动态位的研究；云龙湖景区四季鸟类多样性调查；泉山自然保护区秋冬季鸟类多样性调查；云龙湖大苇莺的繁殖生态……但让冯教授一直耿耿于怀的还是当年为了科研学习识别鸟类的经历。无论春光明媚还是骄阳烈日，为了对一年四季的鸟类特性体态有所了解，当时还是助教的冯照军需要跟着导师邹寿昌教授在野外进行跟踪考察。而记录证明则成了最大的难题，由于当时没有更好的技术且政策允许,无奈之下只能采取最原始的方法进行标本采样制作。冯教授坦言,虽然在那段时间里能够更加直观地对鸟类进行研究,对其特性有了更加清晰的了解,但这始终是他心中的一个结。当鲜活的生命化作玻璃箱中的标本,当一只只鸟儿在冯老师面前挣扎死去的时候,内疚的情感在他的心里滋生蔓延。他开始转变研究方式,走上了生态守护的漫漫长路。

做保护环境的"守望者"

近年来,冯教授在多个领域开展生态保护工作,防止机场附近鸟类撞机便是他研究的重要课题之一。为了降低鸟类撞机发生的概率,冯教授领衔承担了徐州观音机场、连云港军民合用机场、淮安机场等几个机场的鸟情生态调研工作,为机场航空飞行安全保障作贡献。冯教授称这个研究课题为"马拉松"项目——耗时长、涉及人员多。在每个为期一整年的实地调研中,不论是春夏秋冬还是晴天骄阳刮风下雨,调研工作要求他每两周就得去观察记录一次机场及其周边地区的鸟类数量种类等情况,每个时段地点都需要详细记录,常常一去就是一整天。常年的坚持不仅走出了 n 个马拉松的长度,也切实反映出冯教授的不凡毅力。纯净的天空是他科研成果的体现,用脚丈量的土地是他守护鸟儿的见证。比如,观音机场周围有 90 多种鸟类,仅燕子一种鸟类每天就有成千上万只飞过。"驱鸟活动主要就是要'多条腿走路',每种方法都要试,方法轮流使用!"多走一步就有多观察到一种鸟类出现的可能,多试一种方法就有降低鸟类撞机带来的危险的可能。研究鸟类和守护鸟类从来都不矛盾,这是冯教授这么多年工作的体悟:“我们看似在驱鸟,其实我们也是在保护它们。”

对机场的鸟儿,你或许不曾在意。那么当漫步云龙湖畔看到绿柳如茵,你是否曾对湖畔、枝头的鸟鸣产生好奇?亭桥楼榭的修建为小南湖增添了一丝古韵,漫步于柳条堤岸,仿佛置身于江南水乡。看到云龙湖景区日益美化,冯教授的心中却有了一丝隐隐的担忧,“云龙湖越来越美,可怎么看不见鸟儿多起来呢?”通过多年来的跟踪调查,冯教授发现云龙湖现在的鸟类数量大不如前,仅就水鸟来看,20 世纪末,每年冬季来到云龙湖越冬的水鸟数量达到上千只,种类有近 20 种,而近年来大幅度下降至一两百只,种类也只有几种了。通过对云龙湖多个湖区、芦苇地带进行调查发现,大量设施的修建改变了湖形的天然结构,严重影响了鸟类生活环境。“不是水清了环境就好,其实鸟类是评价环境的第一指标!”这是他内心深沉的爱鸟呼唤。

除了对鸟类进行研究保护,冯教授在其他环境保护方面也做了大量工作。为了让孩子们从小树立环保意识,冯教授应邀指导鼓楼小学的小学生制作生态瓶,并获得江苏省青少年科技创新大赛一等奖;野生动物的生存空间屡遭侵犯,为此冯教授积极参与本地珍稀野生动物保护和救助活动,打击非法捕猎贩卖;动物的异常举动也常常会与地震相联系,冯教授力所能及地应用专业知识为地震局进行解答,缓解市民紧张情绪……

“mo-gi-you-”是冯教授最爱的鸟鸣声之一,而他的生态守护之路又何尝不似画眉鸟之歌呢?一腔热血地做守护鸟儿的英雄,每一次的努力都铿锵有力;而背后的科研努力婉转低调,深沉如斯。

做寓教于乐的“长腿欧巴”

“如果记性差，您就带支笔；如果看不清，您就坐前排；如想拿高分，课外得忙活；如想玩手机，上课您别来。”这首打油诗是冯教授的即兴创作，却简练生动地将对学生们的学习要求以风趣幽默的语言表达出来，不禁让人会心一笑。

为了让学生们更容易接受枯燥的专业知识，冯教授将自己所喜欢的单口相声语言艺术融入自己的教学实践中，将课堂内容以有趣的方式呈现，让学生不自觉地被吸引，从而更好地学习专业知识。“听冯教授上课就像在听一场学术性的单口相声，我们私下会叫他‘冯巩’。”这是流传在生命科学学院每一届学生中的评价，更有许多学生怕上课时听不清都抢坐前排。愉悦的课堂气氛让学生学到知识、学得轻松，这背后离不开冯教授平日里对自己的严格要求和极强的责任心。

没有一节课是固定站在讲台上讲的，不照搬教材、制作图文翔实的 PPT 进行脱稿教学是冯教授对自己的要求。有着严谨教学态度的他自信地说，“只要你听我的课就一定会有收获！”30 多年的教学生涯让冯教授练就了一双“火眼金睛”，哪个同学上课开小差，哪里同学理解有难度，他便会以提问的方式善意地提醒同学注意听讲，或者适当减慢进度，使大家跟上他的思路。让同学们印象深刻的是，一次课间休息时《太阳的后裔》的主题曲意外地在教室里响起，整个教室都因为这首音乐而轰动了。同学们都相互对视发出会心的微笑，更有同学说出了大家的心声：“原来老师离我们这么近，老师可真潮啊！”原来不久前同学们私下里说起要是能在课间放音乐就好了，没想到不经意的聊天被细心的冯教授听到，于是同学们讨论的热点话题成了现实。

课堂教学风趣，主动与学生们靠近、交流，自然赢得学生们由衷的喜欢。“冯教授特别抢手！本科生带得不多，我们缠着他大概两个月，每天发 QQ、短信‘骚扰’他，看我们真的喜欢动物学才接受了我们！”跟着冯教授进行“高邮麻鸭双黄蛋产因探究及其对生产实践的指导”课题研究的 14 生 31 班孟祥垚骄傲地告诉记者。

今年初刚开学不久，冯教授带领同学们调查故黄河周边生态环境的野外观鸟活动，一天走了 30 千米，长达 6 小时，共计 4 万多步。说起这次实地考察，孟祥垚还记忆犹新，“其实当时才走了 3 小时，我们就累得不行了，但冯教授的步伐却依然没有停止，甚至还保持着原来的速度。一开始我们就已经被他的速度吓到了，到后来我们‘爬’着走时，看到冯教授依然精神抖擞，除了崩溃，就是佩服，肃然起敬！”今年 56 岁的冯教授略带得意地说道：“这样的运动强度我完全能 hold 住！”并且还打趣自己拥有“大长腿”的优势，冯教授还建议，要多运动，维持好体力和较好的柔韧性才能更好地进行学习。

著名教育家陶行知先生曾说：“学高为师，身正为范。”冯教授有着幽默风趣的语言，身体力行，以身作则，有着“长腿欧巴”的风范，这样的老师哪个学生不喜欢呢？

以严谨细致的态度进行科研调查展现的学者风范，将全部精力倾注于当地鸟类环境保护的一腔热血，“桃李不言，下自成蹊”，用幽默风趣的话语传授知识的为师之道，采访过程中我们窥见冯教授用以身作则的坚持让一点一滴的小事情阐释出环保的大智慧。美丽的家园可以使人在社会中获得更好的物质生活，当人与动物和谐地生活在一起，共同分享这世界所赐予我们的一切，这才是我们心中的美丽家园。当人与动物诗意地栖居于同一片天空下，我们的“美丽家园梦”便不再遥远，这不仅是冯教授的期望，也是我们每一个人的共同愿景。

发表于《江苏师范大学报》第 579 期第三版 罗明秋 黄语蝶（2016-09-14）

弘　道

神奇催化剂揭开“化学的圣杯”的神秘面纱

——访化学化工学院李团结老师

近日，校园网上一则题为“我校化学化工学院李团结老师在美国《科学》*Science* 杂志上发表论文”的喜报震撼了全校师生。美国《科学》*Science* 杂志作为全世界最权威的学术期刊之一，每年都收到全球数以万计的投稿。提交给编辑的文章只有不到 10％会被接受发表，所有研究文章在见刊前皆须经过严苛的同行评审，这更是投稿者的最大门槛。

化学化工学院李团结老师以并列第一作者身份在《科学》*Science* 杂志上发表研究论文 *Functionalization of C—H bonds using a transient directing group*，这在我校还是首次。这篇论文反映了李老师在 C—H 键活化研究领域取得的成绩，C—H 键的直接官能化由于具有多种突出的优点以及很大的挑战性，被誉为“化学的圣杯”。可以说，这篇论文揭开了“圣杯”的神秘面纱。

在一个仲夏的午后，我们终于有机会在李老师的办公室采访到他。据他讲述，这项研究的起始与完成缘起于一封来自大洋彼岸的邮件。

突破：从 20％到 70％

“没想到回复这么快！自己能被导师选中。”2014 年底，李团结向斯克利普斯研究所提交了学习申请，在简历里讲述了自己学习工作的经历，并对近年来的科研成果进行了细致的整理，同时也直白地说出了自身的优势与不足。没想到邮件发出没多久，他就收到了回信。回想起这件事，他仍抑制不住激动与喜悦。这是一封来自美国顶尖研究所斯克利普斯的录用邮件，这意味着他将有一年时间在那里进行访学交流。他申请的访学导师余金权教授是国际上 C—H 键活化领域最为活跃的华人学者之一，主要研究领域为 C—H 键活化研究及其在新药研发和天然产物全合成领域的应用，这更为大洋彼岸之行增添了一份期待。

初到研究所，李团结并没有被安排挑战性课题的研究，而是从最基本的研究训练开始，做一些辅助性的科研工作。尽管他本来已有较为扎实的有机合成技能，但是他并没有失望或不满，而是以更积极乐观和坦然的态度对待这份珍贵的学习机会。“一个多月看似‘打杂’的学习带给我很大的收获，不仅使我很快熟悉了实验室环境和安全规范的实验操作，而且也和实验室的同学建立了深厚的友谊，为后来开展课题研究打下了重要的基础。”他不骄不躁、踏踏实实地完成导师交代的工作。一个多月过去，李团结顺利通过了导师的考核，开始独立开展课题研究与实验工作。

良好的科研氛围给思维创造出更广阔的驰骋空间，高规格的实验室是将想法变成现实的舞台，优秀的科研成果则更倾向于善于把握机会的人。研究所里的同事们都有条不紊地进行着自己的课题，李团结发现同为访问学者的张方林老师利用临时导向基团策略实现了芳醛的官能化后，研究遇到了瓶颈，还没有突破对酮类分子的官能化。而他自己对 C—H 键活化课题十分感兴趣并且有一些设想，便立刻将自己的设想付诸实践。接下来的一个星期里，李团结针对酮类底物分子的官能化进行实验，经过大量的反应条件筛选很幸运地拿到目标产物。虽然初始产率只有20%，离发表标准仍有很大距离，但这已经表明该设想是具有可行性的。他没有轻易放弃，潜下心来继续专注于酮类底物分子官能化的实验研究。在接下来的3个多月中，李团结老师一次次地重复实验，改善条件与变量，使之达到活化的最优条件。当有机合成产率终于达到70%时，他的内心十分激动。这不仅意味着几个月的努力与付出终于有了回报，更重要的是他突破了课题组研究的瓶颈，实验取得了重大突破！在详细记录实验数据后，李团结主动和余金权教授进行沟通交流，探讨下一步研究方向与重点难点。

在明确研究方向与目标之后，李团结便全身心投入到C—H键活化的实验中。C—H键活化，即使用催化剂进行化学反应使C—H键更易活化，进而实现有机分子的官能化。而李团结在实验中采用临时导向基团，促使实验进行中直接原位生成导向基团，让酮类底物分子的官能化正常进行，则是本次研究重要的突破和创新。看到我们有些不解的眼神时，李老师立刻用生动的例子解释道："这就像同样要做一个板凳，不同的人会用不同的方法，但是最后就看谁的方法最高效。化学研究也是一样。"

在谈到自己的研究时，已入不惑之年的他就像一个天真的孩子，充满不问世事的无忧与专注。同时，他也怀着追梦青年一般的热忱，有着不惧一切困苦的慷慨志气，向着心中光亮的前方步步前行。

进取：从乡村教师到名校博士

当谈起这次研究成果在*Science*杂志发表时，李团结老师谦虚地认为这是一次偶然的发现。在实验中，硕士期间从事的亚胺研究对临时导向基团实现C—H键活化挑战问题的解决给出很好的启示，最终有所突破。对于这次发现，他并没有过多地在意，只是把它当成一个普通的研究成果。但质变的产生从来就离不开量变的积累，这次偶然的发现背后，是李团结老师多年来实验室里、书桌前的积累与沉淀。

作为师大化学化工学院的毕业生，李团结老师毕业后选择了去苏北的一所乡村中学从事教学工作。7年的教学工作让他发觉自己对化学的热爱更加深沉，他想要进一步探寻这个领域的奥妙。“知之者不如好之者，好之者不如乐之者”，凭借着对化学的热爱，李团结老师考取了我校有机化学方向的研究生，师从屠树江教授。后来又考取了南京大学生物无机化学方向的博士生。热爱绝非只是一时兴起，搞科研需要沉下心来，贵在持之以恒，重在学懂弄通，不能心浮气躁、浅尝辄止。李团结老师日复一日怀揣着内心对于化学最深的热爱，用行动践行着对于化学的执着，并在这条道路上坚定地前行。

从2008年至今，李团结老师在从事化学研究的同时也开展着日常的教学工作。有课的时候，他每天7点半左右便来到学校，认真备课，用心教学，耐心为同学们解答疑惑，引领同学们学会如何思考问题，拓展能力。实验室对李团结老师来说是另一个“家”，课余时间他会待在实验室里，当自己对某个问题有思路想法时便亲手去操作，进而验证想法的可行性，常常一整天的生活都围绕着课题和实验展开。8年来，从采购实验用品到管理实验室，从确立科研课题到大大小小的实验，李老师都亲力亲为。而他坚持自己亲手进行实验操作，不仅增加了他对化学试剂的熟悉程度，更让他从心底产生一份踏实和安心：

搞科学研究没有捷径可走，必须脚踏实地。

日复一日的教学实验在外人看来近乎单调，然而李团结老师却乐在其中。于热闹中选择平淡耕耘，不怕日久磨耗，等待剑锋出鞘，就如同冬日梅花香飘大地前不畏等待的寂寞，不惧寒风的刺骨。梅花溢香终有时，只需静心与热情，他坚持并且做到了。

兴趣：科学研究最好的催化剂

如果说催化剂的“偶然”发现让李团结老师成功实现突破，那么一直促进李老师科学研究工作的催化剂则是他对化学的无限兴趣。

近年来，虽然国内的科研水平逐年提高，但和国际顶尖水平仍有较大差距。由于国内科研环境和自身研究的局限，李团结老师一度陷入研究的瓶颈期，没活力、找不到突破口成为他最大的困难。

“我校自2011年起出台了有关教师境外访学的政策，每年资助100名左右的教师去世界大学排名前200的高校进行访问学习，学校此项投入的总金额高达1000万元。”人事处师资科赵君亚老师这样介绍。学校的这项政策不仅促进了我校师资队伍的建设和后备人才的培养，更让老师们与国际一流水平有了零距离接触的机会。

境外访学的政策让李团结老师有了一丝心动，他想要去看看别人在干什么。于是他在2014年向学校提出访学申请，获批后，他于2015年3月前往美国斯克利普斯研究所，师从余金权教授，开始了为期一年的访学之旅。正如他所说的：“要找就要找最牛的导师，既然去了就不能浪费这次机会，我要看看人家到底是怎样做研究的，看看别人的研究能不能启发我，让我找到一个新的科研突破点。”

机会总是稍纵即逝，并不是每个人都能够抓住，但是李团结老师牢牢地抓住了。访学期间，李团结老师每天一大早便来到研究所，开始一天的实验研究工作。研究所里的成员来自各个国家，大家一起讨论研究成果，高度活跃的思维让他重新发现化学研究中有价值、有意思的研究点和新的工作兴趣点，这让他庆幸当初的决定。“疯子导师”余金权的执着更是让他看到一个人对化学的热爱可以接近“疯狂”，将化学融入了生活。这让他沉下心来认真思考自己究竟应该如何去做，如何保持对化学的热爱。

回忆起在美国的时光，李团结老师脸上充满着笑容，眼神闪闪发亮。他说：“出去之后看到得更多，了解得更多，原来固有的观念也有所改变。只是时间太短了，要是再多一年时间，口语应该可以练得不错了，实验交流会更加得心应手。这次去美国，几乎整天在实验室做实验，和外国同行的沟通还不够深入，确实有点遗憾。”

“博学之，审问之，慎思之，明辨之，笃行之。”倘若没有本科、硕士、博士乃至工作后仍能坚持自己做实验的专一和持续不断的学习，怎能得到余金权教授的青睐？倘若没有对课题的严谨思考与精细计算，哪能对课题有进一步的研究与探索？倘若不是有一颗清晰明辨的头脑与同事、朋友、导师的沟通协调，又哪能实现科研的突破与创新？

李团结老师凭着自己对化学的热爱与坚持，潜心钻研，积极探索，坚定而快乐地走在化学教学与研究的道路上。

发表于《江苏师范大学报》第582期第三版　罗明秋 鄢笑笑
(2016-06-30)

指尖上刮起的多维视觉风

——访美术学院窦勤军老师

作为一所大学的重要文化载体，视觉形象识别系统一直备受重视，成为人们认识一所大学的重要窗口。其实，徐州多所高校的视觉识别系统的设计者就在我们师大，他就是美术学院设计工作室的窦勤军老师。

一踏入窦老师的工作室，各类设计作品和获奖证书映入眼帘，正对镜头的窦老师略显羞涩，他眉飞色舞地挥动着双手，将作品背后的故事娓娓道来。他的手宽厚有力、骨节分明，也就是在这双神奇的手下诞生了数不胜数的设计作品：江苏师范大学 60 周年校庆标志设计、徐州开放大学标志设计、徐州幼儿高等师范专科学校形象设计、吉林白城职业技术学院视觉形象设计、连云港灌南人民革命烈士纪念馆和展览馆、江苏师范大学标本馆、徐州见义勇为英烈纪念长廊设计等等。大到城市文化标志设计，小到展板策划设计，窦勤军老师就像神话故事中的马良，用思维和灵感勾勒出一幅幅设计的蓝图。

“走别人不能走的路，翻别人不能翻的山，才能达到别人不能达到的目标。”这是窦老师在采访中反复强调的一点，他表示，这也是他对学生的要求以及对于创新设计的态度。同时，窦老师将设计融入工作、生活的方方面面，为其作品中体现的创新主题与思维符号增添深厚的文化底蕴。于是，带着好奇与崇拜的心，我们采访了窦勤军老师。

设计来源于灵感，灵感来源于实践

窦勤军毕业于郑州轻工业学院工业艺术设计系，学生时代担任过学生会主席和大学生科技协会会长职务，目前窦勤军担任我校美术学院设计研究所所长、设计工作室主任，是教学一线老师，同时也是一名设计师，他最擅长视觉识别设计。2012年，“徐州师范大学”正式更名为“江苏师范大学”，学校面向全国公开招标形象设计方案，当时，不少高校专业教师和企划公司参与到招标当中，数以万计的设计作品从全国汇集而来。经过层层筛选，最终窦勤军老师的设计方案凭借新颖独特的创意和准确的定位，脱颖而出，成为江苏师范大学经典的文化符号。窦老师展示《江苏师范大学VIS视觉形象识别系统手册》时提出“设计为人服务”，强调设计作品的社会性和实用性是思维的直观体现。窦老师直言，最近正在着手设计徐州淮海战役纪念塔园林中的“见义勇为文化长廊”，不久后便能与徐州市民见面。此外，窦老师一年创作大大小小的设计作品近百幅，说到此处，窦老师脸上不禁露出自豪的笑容。

窦老师提出：理念、文化的定位是一个学校、企业软实力的根基，每一座城市也有其独特的文化内涵。我校校标则是在吴风汉韵的氛围中突出徐州的代表符号及汉文化的内核，从而突出师大“崇德厚学，励志敏行”的校训。设计者由徐州文化触发灵感，以由南向北的龙腾水上，兼之玉兰花的婀娜多姿，结合两汉文化的寓意，更有青砖汉瓦承载彭城的“龙文化”，在一抹显著的中国红的映衬下脱颖而出。

窦老师透露自己经常穿梭于徐州龟山汉墓、狮子山西汉楚王陵、汉兵马俑博物馆、徐州博物馆等观摩每件历史遗留器物，最终抓住一瞬间灵感的碰撞，确定将徐州汉文化精华体现为代表中国的东方之龙，并将其浓缩成巧妙的文化符号。“我想做的设计还有很多，可惜时间有限。”望着墙上各种各样的获奖证书和设计作品，窦老师的心情顿时变得复杂起来，有些遗憾的望了望墙上的日历。

更值得一提的是“江苏师范大学”这五字中只有两个是集成字，“20世纪70年代，郭沫若先生为我校题写校名‘徐州师范学院’，2012年，学校更名为‘江苏师范大学’，由于沿用郭沫若先生的字体，所以更名过程中通过字体搜索了郭老手书的‘大’字，而‘江苏’二字则是辗转数次，从郭老给故人的手书信中以及郭沫若给苏南某高校所题字中选取。”窦老师通过反复的实践思索、翻查资料和各地的奔波终于完成了手书集成字的合体，他用事实证明了实践是创意灵感的源泉，也是验证作品好坏的最好尺标。

克服思维局限，突破传统课堂

作为一名大学老师，窦老师兼顾着设计与教学两方面的重任，必须要将设计与课堂结合起来。窦老师表示，大学课堂与社会现实还存在一定的脱节，缺少实践和融入社会程度低的学生很容易与社会脱节，为了解决这一问题，窦老师提出“真题真做，假题真做”的教学理念，即利用自身所设计的社会项目作为课堂教学范本，将设计经验分享和传授给学生，着重加强学生的手、脑、眼的结合，提高设计的思维创新能力，就像窦老师所说“设计就是创新，就是解决问题”。克服循规蹈矩的刻板思维，向大自然、向社会、向同行前辈学习，规避照搬照抄的舶来品，而是从中国传统文化中提取灵感和创意，捕捉中国特色的文化底蕴，真正做到一加一等于二，又不止等于二的无限延伸。

设计要针对设计对象的问题提出相应的设计方案：企业有企业文化，那设计就要着眼于提高其知名度、认知度和美誉度；学校有学校文化，则需要设计者立足教学与学习；同时要坚持创新与实践并存，结合理念与文化的定位认知，才能在众多的设计作品中脱颖而出。“设计作品不能违背民族文化。”窦老师的眼神和手势无不透露着一种专业设计师的自信，他指出 20 世纪 90 年代的中国设计仍停留在盲目崇拜、模仿的时段，然而现在唯有“洋为中用，古为今用”才能设计出令人拍案叫绝的作品。

在教学上，窦勤军老师以强烈的责任心和使命感上好每一堂课，受到学生的拥护和爱戴，成为学生心目中的名师，科文学院 14 视觉传达设计的梁雪影同学表示：“窦老师人特别亲切，讲课也很幽默，很注重课堂的理论和实践结合，老师也经常跟我们强调要做别人想不到的设计。”窦老师的课堂氛围深受同学们的欢迎，“窦老师善于启发和调动学生的积极性，所以课堂气氛活跃，他在教学上有自己的一套系统，更重要的是，窦老师会主动询问学生，并广泛听取各方的意见和反馈信息，及时修正和调整自己的教学方法。”美术学院 13 美 71 班的陈玉卿如是说。窦勤军老师不止专于教学与设计，在生活中更是充当了指引者的角色，很多刚踏入社会的同学往往会怀念窦老师的谆谆教诲，感谢窦老师的前期启蒙，“窦老师经常用自己亲自设计的案例来给我们讲授新知识，”美术学院 13 美 71 班的于艳萍回忆说，“窦老师经常告诫我们要珍惜时间，光阴弹指一挥间，做好自己该做的事情，多积累知识。如果要用三个词语形容窦老师的话，就是'德才兼备，言传身教，良师益友'。"

窦老师在课堂教学中对学生提出了"怎么去设计""设计什么""为什么设计"这三个问题，把自己的教学经验总结为："做人、做事、做设计，三者缺一不可。"旨在使学生明确自我设计的方向，在课堂上通过言语表述及作品展示的方式表达自己的设计内涵，并将思维发散至课堂之外，解决实际问题，真正做到"设计为人服务"，从而衍生更多经典的企业和高校的文化符号。

工作中的"实干家"，生活中的"追梦人"

工作中的窦老师是个名副其实的"拼命三郎"，但其实生活中的他也是个不折不扣的"狂人"，这点从工作室的作品就可以看出，"我从学生时代开始就一直在做各种各样的艺术设计，大量的设计作品获奖且被社会采用，碳纤维自行车、郑州教育电视台台标等，我身边的同事会把我说成'设计狂人'，我做设计讲究全身心投入，经常忘记时间，忘记吃饭，好几次思考设计方案的时候被烟头烫到嘴。"一讲到这，窦老师不禁调侃道："从前真的不理解'废寝忘食'四个字，也没法相信王羲之真的馒头蘸墨汁，结果在自己身上倒也真真切切发生了！"窦教授说着，手舞足蹈地还原当时的场景，笑得像个孩子一样。

窦老师称自己的生活被设计填满，但毕竟是自己喜欢的事，所以这么多年依然乐在其中。他认为设计最难也最重要的便是寻找创意，这也是设计者面对的普遍难题，窦老师表示灵感源于生活，他在学生时代寒暑假只给自己一个礼拜的假期，其余时间则沉迷于设计创作中，甚至在出行的途中都会研究两边的路牌广告。每当他最爱的中央电视台黄金时段的广告开播，他会立刻抱着饭碗目不转睛地守在电视机前，希望从中汲取灵感。窦老师始终坚信“兼听则明”这个道理，不管做人还是做设计都不能囿于一己之见，留意身边的设计来广纳经验，取精华去糟粕，以充实自己的头脑。

设计不是一条一帆风顺的道路，没有所谓的不劳而获或是自然而然，“苦中作乐”是窦老师向学生所提出的最高要求，要能乐于设计创新并以此为乐，直面设计难题和灵感枯竭的过渡期，不投机取巧企图走捷径。窦老师身上独具的韧性在遇上热爱的事物时得到最大体现，这同时也启迪了我们现代大学生在寻求自我时不忘初心，热爱大自然且虚心学习，在设计的路上稳扎稳打，一步一个脚印。

“设计作品只有被采用才具有社会价值，如果一个学设计的人一辈子没有一件作品被认可，那他至少在设计方面是失败的。”窦勤军老师就是在设计的道路上争做“全能人才”，不求能拥有马良的神笔，但求武装自己的设计头脑，将设计创新做出新鲜的生命力，融入传统文化，刮起一场视觉识别设计的风暴，向社会、中国乃至世界传达中国的设计创新魅力。

发表于《江苏师范大学报》第 594 期第三版 卢黎黎 杨朔 黄语蝶
(2017-03-20)

谦谦君子风，国际学者范

——访我校物理与电子工程学院院长沈德元教授

春日的暖阳斜斜投射下来，窗边绿萝分外茂盛，书架上摆满了书籍和文件，对面的柜子上斜挂着一把太极剑，方圆之中刚柔相济。沈德元院长从有些老旧的椅子上起身，招呼记者落座，声音儒雅而稳健，将他的故事娓娓道来。

他曾经见识过新加坡的明媚阳光，胸怀南安普顿蔚蓝大海的自由广阔，沉淀着日式的严谨苦干，而这些和他身上中国传统学者的特质碰撞融合，成就了沈院长的优雅气质和独特魅力。

“半路出家”的苦干院长

沈院长的办公室干净而简朴，甚至有点不像是院长办公室。椅子表面有些破损，“我每天坐在这把椅子上的时间比较久，从早晨上班开始，除去中间的休息时间，一直到晚上 12 点左右才离开。”他说，这样的工作强度并不痛苦，而是一种乐趣。“答辩的前几夜，我们连续三天两夜没怎么睡觉，累了就趴在桌子上、躺在椅子上休息两三个小时。”

沈院长所说的答辩是指我校的江苏省高校协同创新中心项目答辩，从申请到答辩，前后历经四年时间，项目单位包括上海硅酸盐所等四所科研院所，上海交大等四所高等院校以及四家公司，由我校作为牵头单位。

作为这么重要的项目牵头人，沈院长常常“说走就走”——有些项目、工程有时间结点，为了在时间结点之前完成，“沈院长随时会出差，因为在上海有两家科研院所，所以他经常上海、徐州来回跑。”团队成员赵鹭明教授说。

最令他印象深刻的是，沈院长坐半夜的飞机到四川绵阳，两个小时处理完事务之后再飞到上海。“基本上没有休息，他却习以为常。他也从来不会刻意地说要去哪里，而我们都是找他找不着了，打电话给他才知道他在去别的地方的路上。”赵教授说。尽管项目进程如此繁忙，沈院长还是尽量不影响行政工作。“沈院长的工作都是预先谋划，他能在千头万绪的情况下厘清思路，处理好行政、科研工作，在平台建设、优势学科建设、实验室建设等方面都作出了很大贡献，大家都很佩服他。”

正是因为这样的努力，沈院长和他带领的团队在激光技术、透明光学陶瓷、红外玻璃和光纤等领域取得了一系列重要成果。

除了在科研方面取得的傲人成绩，他也带领学院实现了跨越式发展，学院连续三年获得全校考核等级优秀。“因为我是‘半路出家’来管理，所以任务还是挺重的。”从任职经历上看，1996～2000年间，沈德元先后在日本电器通信大学、福井大学任博士后、研究员；2000～2003年在新加坡南洋理工大学任研究员，2002～2008年间在英国南安普顿大学期间由研究员上升到高级研究员。国外多年的学习任教经历，使他在管理上更能碰撞出不一样的火花。“我在国外最大的收获是规范性，所以我现在尽量在学院的文化环境上有所建设，尤其是学术交流、科研组织和开展方式、研究生教育等方面，力求达到国际先进水平。”

沈德元科技创新团队成员杨志勇教授也提到了学院的一些变化，在杨教授看来，学院的改变与沈院长的努力密不可分，“从国外回来的沈院长虽然没有太丰富的学院管理经验，但在人才引进、团队聚集方面都有下功夫，还懂得给团队适当的自由度，这是很重要的。”

物电学院党委书记赵玉苏这样评价他：“在物电与他搭档工作三年了，给我留下最深刻的印象是他深沉的事业情怀，把学院发展得更好，对他而言是一种使命和责任。”

“野蛮生长”的学术思维

人人称羡的海外知名教授，毅然放弃优渥的条件回国，这是新一代知识分子的风范。对沈院长而言，留洋学习只是途径而不是目的。在国外生活多年，即便南安普顿气候那么舒适，即便国外科研水平先进、平台广阔，他却始终保持着对祖国的深沉情感。沈院长说：“国家对我而言是一种根一样的存在。在师大任教，是由于我对师大的感情，我在师大本科毕业，和这里有一种天然的联系。”

认可，是沈教授强调最多的词汇。国外的学习经历和科研成果并没有给予沈院长和他的团队任何“通行证”，在外人眼中，他们是“在徐州这片盐碱地上”搞科研。在和其他高校的学术交流中，他们常常不被认可。对于在国外孜孜不倦研究多年、坚持科研真理的他，“认可”显得多么重要。“我的团队中，每个人都很努力，这当中还有一些来自国外的学者。”面对这群同样优秀的“战友”，他需要给他们交代。

于是，在不被认可的切肤之痛下，“我写下了这句刻骨铭心的诗——‘古彭励志横渠训，深巷试酿杜康香’，向我的团队表明心迹。”他们没有假期、没有周末，连正常的下班时间也没有，正是凭借这样的努力，他们完成了一系列重大科研项目，一点一滴的付出终于获得认可。所以“在徐州这片盐碱地上”的后半句话是“野蛮生长”。如今的沈院长云淡风轻地说道：“我把这当作一种褒奖。”

尽管那是段废寝忘食的时光，沈院长却说：“我认识国防工业的许多工作人员，他们的劳动量和压力非常大。说是习惯成自然也好，是国家、民族的责任感也好，每个人都是这样，对比下来，我们还是比较幸福的。”沈院长毫不掩饰内心对他们的赞美。除了国防项目，物电学院另一重大成果是江苏省激光材料与器件重点实验室项目。这是师大第一家江苏省重点实验室。“重点实验室是 2013 年申请的，主要就是围绕陶瓷、红外玻璃光纤材料和器件的应用。”杨志勇教授这样介绍道，“更重要的是沈院长想要做一些有特色性的东西进来。沈院长在各方面努力沟通，给我们争取了很多好的待遇和政策。”

去年 12 月，协同创新中心顺利答辩、重点实验室成功结题，这是物电学院收获喜悦的一个月，“掌门人”沈院长功不可没。他说：“这么多的人，这么长的路，总会遇到问题，但是我相信未来会更好。”

“太极高手”的文艺情怀

这样一位学者，谁又能想到他教学和生活中有更多可爱的一面呢？“我回来后带的第一个学生是一名来自国防科技大的研究生，一直觉得师生间应该是一种 soft 的氛围，我喜欢和学生平等交流。”但那个学生是军人，习惯了指令式教学，忍不住向沈院长“哭诉”：“沈老师，您这样我以后回部队可就待不下去了!”说到这里,沈院长也忍俊不禁。但是在科研问题上,他还是每每都要问学生的想法,最后这名军人学生也渐渐习惯了这种轻松平等的氛围。

很多人都知道沈院长在科研上严谨认真,教学工作中平易近人,其实,他还是一位太极高手。在去年的校运动会开幕式上,随着悠悠乐声,起势、抱球、云手、单鞭,身正直、膝微蹲,前方是沈院长一身飘逸白衣,手中太极剑飞舞灵动,一气呵成,刚柔并济。在他后方,学院的老师和学生们打太极拳,含胸拔顶,抖胯合腰,手脚相合,浑然天成,他们的表演获得一致喝彩。沈院长的办公室里也常年备着打太极穿的鞋子和太极剑,“我很喜欢太极,目前是武术六段,但是工作太忙,一直没有时间去考武术七段。”有同学反映,在半夜时分,会在学院一楼或者二楼大厅看到沈院长练太极剑或打太极拳,这也是他在繁忙的工作和科研中放松的方式。

除此之外,他还有着古典文学情怀。“我非常喜欢中国古典文化,尤其是唐诗宋词,诗词的背景我都会去了解。中国古典文艺作品也会读,比如《文心雕龙》。很多英文原版小说我也很喜欢。”这种广博的涉猎,其实更是他对传统文化态度的一种折射:“现代人吃麦当劳、看韩剧、打电话还得来句‘拜拜’,但是传统文化却没有得到重视。我在国外多年还是习惯吃中餐。”

也正是长期传统国学的浸染,使他行事充满了谦和的君子之风。“对人的尊重是从小事上反映出来的。这么多年上电梯的按钮从来都是他给我按好,不管任何门都是先让我进去,然后替我摆好椅子。”在回忆这些小细节时,赵玉苏书记赞美之情溢于言表。赵鹭明教授也说："绅士风度早已成为了他的习惯。"

太极剑影间暗藏胸中乾坤，温文尔雅中彰显上善若水。在沈德元院长身上，中西文化交融互补、相得益彰，实现了一种传统美学式的和谐，这些都完美诠释了"学者"这个词。

谦谦君子风，国际学者范。毋庸置疑，这是师大又一张精致的名片。

发表于《江苏师范大学报》第 596 期第三版 阮梦茹 梁燕婷（2017-04-20）

法文化，民族情

——南杰·隆英强教授眼中的十九大

"法者，天下之公器也"，在我校法学院南杰·隆英强教授办公室的墙壁上，这句话格外显眼。环视四周，每一面墙上都挂着许多黄字红底的汉藏双语法治名言，扑面而来的是一股浩然正气和浓浓的中国民族法治文化。在中国政法大学取得法学博士学位并从中国人民大学法学院博士后流动站出站后，南杰·隆英强教授来我校工作，成为一名优秀的藏族青年法学者。

十九大胜利闭幕，有着良好的中国民族宗教相关专业知识和汉藏双语法律语言等多种交叉学科优势，又长期从事全国民族宗教问题与双语法学研究的南杰·隆英强教授，带领大家解读了十九大报告中的法治建设与我国民族宗教中国化、法治化问题。

"法"脉相承，依法治国走向德法兼修

对于十九大报告中提出的新时代坚持和发展中国特色社会主义思想的14条方略，南杰·隆英强教授感触颇深，他惊喜地发现自己平日对依法治国的所思所悟与这14条方略不谋而合。君子藏器于身，待时而动，正因平时勤于思考和点滴积累，才使南杰·隆英强教授所得的灵感不止于此，他提出了要面向全国各地传播良法善治的法治思

想，从洋洋3万多字的报告中理出了一条条清晰的法学脉络。

从习惯走向习惯法，再向汉唐的成文法典过渡，历史的车轮滚滚向前，中国本土法律文化和现代中国的法治精神却一脉相承。南杰·隆英强教授研读报告后迸发出的另一个火花便是"本土法治思想"。"简单来说，便是几千年来中国本土法文化从未中断，天理、人情与国法对整个中华民族的影响。"世人眼中正义和严肃的法学专家，也充满着人文历史情怀。本土法治思想融史于法，被南杰·隆英强教授解读出了中国独有的治国方略。"历史上的'德主刑辅'投射在当代，就是依法治国与以德治国相结合。"他以史为鉴，追根溯源，将德法相依的历史娓娓道来，"夏商周时期讲究以德配天、明德慎罚，在汉武帝时儒家学说成为了中国正统的法治思想，虽然历史上政权在不断更替，但是这个本土法治思想从未中断，从未改变。"

古有君主治吏之说，着眼当代，德法兼修的人才究竟要怎么培养？站在专业的角度上，南杰·隆英强教授千琢万磨着这个问题的答案，中国历史上一直在提"以德为先，教化为主"的法治思想。德法兼修的最终目的是更好地培养治国理政的优秀法治人才，最终为更加富强、民主、文明、和谐、美丽的法治国家和秉持正义的人民服务，他强调了党的十九大对党章进行适当修改，标志着我国全面推进依法治国事业的同时进一步推进全面从严治党。"党员干部应当带头，以身作则，以人为本，遵纪守法，"说到这，南杰·隆英强教授加重了语气，举起右手敲了敲桌子说，"我们的有些党员领导干部，目无党纪国法，以权谋私、狂妄自大、欺上瞒下、胡作非为，给国家和人民造成了诸多负面影响，甚至带来重大损失，针对这些问题我们国家的宪法法律要严惩，各族人民大众应团结一致监督和举报。”我们国家现在监察法和监察体制改革启动后，他倡导政府在依宪执政和依法执政的基础上加大力度，监管好全国的行政部门和各级领导依法行使权力。

“既然选择了法学事业，我一定不会放弃。”南杰·隆英强教授用这样一句话总结了自己多年的实干经验和感悟。从坚定的神情中不难看出，他在研究法学的路上，无论是成功还是失败，都会及时调整自己、换位思考，力求达到最高标准。精益求精也许早就成为了他内化于心、外化于行的座右铭。

民族团结，像石榴籽一栏紧紧抱团

南杰·隆英强教授出生于青海省海南藏族自治州，是藏族人。从小学到大学本科毕业一直学习的是藏语言文学专业，2002 年大学本科毕业后，以跨专业、跨语言、跨文化攻读法学专业，师从中国法制史泰斗张晋藩先生等名师，加上自身不懈努力，他将法学专业与藏语言文学专业融会贯通，成为新中国培养的第一位利用藏、汉、英三种语言文字优势研究国内外理论法学与司法实践的青年学者。南杰·隆英强教授回望自己的求学之路，除了自身勤奋，更有一个重要外因的推动，就是当初我国高校招生改革，面向全国招生，打破了偏远民族地区和学习少数民族语言文化的考生不能上普通高等院校的限制，他不禁感慨党和国家的好政策：“从此改变了无数个少数民族大学生的命运。”

南杰·隆英强教授每年会出差二三十次，十九大期间，教授去中国人民大学开会，此行让他愈发感受到以北京为代表的安保、安检工作在执法文明和民族平等及法律面前一视同仁层面的完善，他很欣慰。以前，当少数民族同胞要过安检时，很多地方的安检部门和相关工作人员都特别严格检查，也就出现了机场、火车站等诸如背包里的书被扔到地上，甚至重点检查少数民族同胞等差别待遇的问题。十九大召开后，尤其是北京、上海等大城市不合理的安检方式减少很多，中国大多数地区应当一视同仁，所有人不分民族和地区的前提下都接受法治文明和科学合理的安检，我想老百姓都是拥护的。今昔对比，法律面前人人平等不再是一句空谈，坚持文明执法和创建平等的民族关系又迈上了一个新台阶。

所闻所思，亦有所为。在早年间，南杰・隆英强教授积极配合中央和民族地区司法机关及党政机关一直坚持进藏区普法宣讲。时隔十二年，往事如烟，但他仍深刻地记着当时的情景，“我一开始讲解了半个小时中国法律和国家相关民族宗教政策的要求，可藏区的一部分民众显然难以理解。”于是他转换思路，发挥自己的语言优势——用母语藏语讲述祖国和藏族的历史，甚至用当地藏区的方言讲述他们的部落历史和地方善治的法制经验，并当场写下四句传统藏语诗，“感觉一下子就拉近了与藏区人民之间的距离。”最后误解他的当地年轻人脸带愧意，默默放下了抽烟的手，拉着南杰・隆英强教授支支吾吾地说再多讲讲。临走时，老人们与他一同饮用青稞酒，向他敬上哈达，拍着他的肩膀直夸：“年轻人可以！”

藏文化中的专业术语和藏传佛教中的教义被南杰・隆英强教授巧妙地与中国法治文化紧密联系在一起，刻在了自己和藏区民众的心中，让藏区人民逐渐知法、懂法、守法、尊法，不仅深化了民族团结进步教育事业，更铸牢了中华民族相互尊重、加强了解、同步发展的共同体意识。

习总书记在十九大报告中提到，“要加强各民族交往交流团结，促进各民族像石榴籽一样紧紧抱在一起，共同团结奋斗、共同繁荣发展。”在师大工作一年半的南杰·隆英强教授将师大少数民族学生与汉族学生的交流与相互促进看在眼里，但30多个民族的学生共同学习生活，“石榴籽们”能不能抱成团，全国各族朋友如何把党和国家的法律与相关政策及时领悟，如何把我国的民族宗教法治化、中国化问题普及到全中国？这才是他真正重视的问题。

在南杰·隆英强教授的心中，做到“抱团”，需要广大师生及各级领导重视并注意民族节日、风俗习惯等细节。在这里，就不得不提师大每年举办的“榴光溢彩民族联欢会”，联欢会包含了“石榴籽”的主题，真正符合了教授心中民族团结、和谐发展的理念。

除此以外，今年11月1日，南杰教授在我校学习贯彻十九大精神座谈会上分享了全面依法治国和民族宗教中国化、法治化相结合的思想，当法治与民族宗教真正和谐发展，“石榴籽们”才能抱得更紧。不停地呼吁民族之间相互尊重、相互理解的基础上的“抱团”精神，这是南杰教授对民族大团结、大融合的心愿。

不忘本心，实干前进展望未来

多年来，南杰教授协助解决甘肃、青海、四川等地发生的汉、藏、回等多民族参与的复杂疑难的重大案件20余件，在全国藏区和民族高校以及藏区各级司法机关普法宣讲达60余次。他进行藏汉双语法学教学与科研工作，也兼顾全国藏区藏汉双语司法实践工作，积极推动依法治国方略和藏汉双语法律人才培养及多学科交叉研究法治现代化的理论与实践问题。亲临一线、不辞劳苦、钻研探究，这些数不清的付出只因他不忘初心，牢牢记住了自己作为法学工作者的使命。

南杰教授为推动中国法治建设和民族团结等工作作出了许多努力，他本人却谦虚诚恳地表示："这几年我做的都是小事，以习近平总书记为代表的好领导好干部从长远角度做的民族团结进步事业是利国利民的大事业，很多习总书记讲的全面建设法治国家和培养德法兼修的优秀人才等问题有待我们继续努力去解决。"最近，南杰教授接手了一项藏汉双语法律教材方面的翻译工作，虽然难度很大，但他与志同道合的工作人员一起努力翻译汉藏双语法律资料，该书完成后将是国内首套相关领域藏汉双语法律指导书。

就个人情况而言，南杰教授在甘肃和老家青海等西部地区工作压力相对小，但教授毅然来到师大法学院工作，因为教授更加看重的是师大领导和前辈的人文关怀及平等尊重的氛围。踏入法学院办公室的那天起，学校和学院就给予他大力支持，墙面上的黄字红底汉藏双语法治名言便是那时精心布置的。领导同事彼此之间相处融洽的气氛令他感到舒适，人文关怀备至。课堂上，学生的尊重让南杰教授由衷地欣慰，南杰教授也尽职尽责地为学生上课，讲授专业的知识，参加国家立法和司法实践的各种活动，深入全国各地调研参会，为全国的民族宗教问题中国化、法治化及民族地区全面推进依法治国方略方面而继续努力前行。

习总书记在十九大报告中说："青年兴则国家兴，青年强则国家强"，望着不断发展的师大和朝气蓬勃的学子，南杰教授不禁遥想未来。师大一向重视民族团结关系，强调与广大师生共同推动校园的法治文化和各民族和谐发展的进步事业，何不发挥徐州两汉文化发源地的历史优越性，把两汉文化的正能量与少数民族文化结合起来呢？在全国上下学习十九大精神的热潮中，在无数学者的砥砺前行中，我校将积极践行十九大与时俱进、不断创新的精神，打造出全国高校独一无二的汉藏等多民族优秀法治人才培养的新计划、新课题。

近午时分，窗外射入的阳光为汉藏双语法治名言上的每个字都镀上了一圈金边，教授的办公室更显庄严。在师大的一角，法治的刚与民族情的柔交织在一起，熠熠闪光。南杰·隆英强教授传递好了十九大精神，传承好了中国四千多年优秀的法治文化，也讲好了新时代的民族宗教与中国法治建设走向成功和收获的故事。于法，他孜孜以求，用创新的理念实干兴法，于民族关系，他与时俱进，用丰富的知识呼吁团结。在960多万平方公里的辽阔土地上，唯有法治行天下，守护着中华56个民族的血脉和纽带，而民族关系的平等与稳定，又不断与法交融，使其趋向合理、日臻完善，最终为中国特色社会主义法治建设事业和全球法治正义事业服务。

发表于《江苏师范大学报》第606期第三版　宋子墨(2017-11-25)

美女教授和她们的任性青春

站上讲台，她们是引经据典、传道授业的知性女神；走进校园，她们是仪态万方、气质爆表的亮丽风景；回归家庭，她们是上得厅堂、下得厨房的贤妻良母……她们是江苏师范大学由50多名教授组成的“女教授联谊会”群体。

见过她们，你会自行撕去对女博士、女教授“黄金剩斗士”“灭绝师太”“面若恐龙”的固有标签。事实上，女博士、女教授的青春也“任性”。

关上偏见之窗，且看江苏师范大学“美女教授”们轻歌曼舞的多彩青春。

高知女性其实是这样的

“一所高校里能有50多名女教授，而且是正教授，在徐州的高校中，估计只有我们江苏师大有这样的阵容了。”江苏师范大学党委副书记岑红自豪地说。

在岑红眼中，让她感到骄傲的不仅是女教授们的知识渊博、学历高端，更因她们一个比一个漂亮，一个比一个有气质。“美女教授”们到底有多美？岑红教授讲了这样一个有趣的例子。在今年江苏师范大学首届嘉年华跨年晚会上，20多位女教授集体亮相，统一的黑色长裙、红色围巾，一首女声合唱《香格里拉》艳惊四座，这事儿很长时间一直被学生们津津乐道。后来，照片被发上了网，引来不少人质疑："女教授、女博士哪有这么靓的啊？肯定有滥竽充数的！"但事实上，这是清一色的女教授、女博士，而且还不是江苏师大"女教授联谊会"的全部成员。

耳听为虚，眼见为实。3 月 4 日下午，美女教授们又一次集体活动——11 名美女教授受学校工会委派，赴贾汪江苏师大附属实验学校参加"爱在春天 共话成长"主题活动，记者得以近距离接触这个经常被黑化成"妖魔"的群体。

虽然有了岑红的前言铺垫，但真见到这群美女教授时，记者还是吃了一惊。十多位女教授或盘头，或马尾，或长发披肩，淡淡的妆容恰到好处，得体的衣着各显风采，散发着女性特有的优雅，还真有"腹有诗书气自华"的知性和端庄。这样养眼的场景，简直美得十分任性啊。

会保养、会化妆、会穿衣，女教授们还这么时尚？完全不按常理出牌啊！这场面让素面朝天的记者默默地坐到了最后一排。

一路上，说笑声、嬉闹声不断。美女教授们相互聊工作、聊时事、聊孩子、聊化妆、聊衣服、聊旅游，听着听着，记者发现，她们原来也上某宝、某东，知道静脉曲张袜，晓得哪个牌子的睫毛膏好，甚至还对很多明星八卦了如指掌。

到达目的地，11 位女教授往台上一站，就有人啧啧称赞："你看这气场，太强大了！"会后，记者对其中的几位女教授进行采访，她们兴奋地描述起平日里多姿多彩的生活。教务处副处长刘莹教授告诉记者，女教授其实也是普通的好女人，"只不过我们喜欢自己的专业，喜欢学术研究，想在专业上有所发展。我们拒绝被‘妖魔化’，我们也喜欢‘臭美’和逛街，有空也做做面膜美容，也会和朋友们一起去唱歌放松。”

外国语学院院长张生珍教授经常要到美国去，有时候几个月，有时候半年，再长些可能会待上一年。或许是长时间接触西方文化，张生珍的观念也更为时尚些。张教授有个正在上五年级的10岁女儿，这个年龄的孩子开始慢慢地被异性吸引，张教授发现女儿也开始有了这方面的倾向。“我想每个做家长的在孩子这个阶段都会有点担忧，有点惆怅，刚开始，我也是这样。但后来我想通了，这也是女儿有了‘爱的能力’的体现，这点是需要肯定的，关键看家长怎么引导了。”张生珍说，她告诉女儿，首先要学会爱自己，自尊自爱、健健康康、开开心心的，才能更好地去爱别人，才能让别人更爱你。而且，爱的定义是很广的，不仅是爱某个人，还要爱我们的国家，爱这里的花花草草。

光鲜背后是汗水和泪水的真实付出

“女教授联谊会”的50余位会员，绝大多数都是女博士。她们头上顶着耀眼的光环，可是在光鲜的背后，也有着不为人知的汗水和泪水的真实付出。

教育科学学院副院长汪颖教授说，自己考上博士之后，她的学生们很困惑，问她：“老师，没见你多用功学习啊？我们喊你出来玩，你来；喊你唱歌，你也去，怎么可能就考上博士了呢？”对于这样的疑问，汪颖有点哭笑不得，她对学生们说：“你们只看到我玩了，可你们知道我每天夜里学到几点吗？你们知道为了让孩子以为我不在家，我进家都是偷偷摸摸的，然后把门紧锁，在屋里啃书吗？我不可能在你们面前表现出苦大仇深的样子,可是这背后确实有不为人知的艰辛。”

考博辛苦,读博也难。生命科学学院院长李宗芸教授坦言,读博过程中,为选题、做论文、做调查,她曾陷入迷茫、困顿乃至沮丧,备受精神折磨。为赶论文,昼夜连轴奋战,更是常有的事儿。“曾经因为实验做不出来,痛哭流涕地给母亲打电话,只读过一年书的母亲对我说,你选择的路、努力的方向都是对的,坚持下去!”李宗芸说,后来,她获得博士学位,并成为全校当时最年轻的女教授,恰是依托了这样的一种坚持,“所以说,这世上所有的努力都不会白费,所有的坚持都会有结果。”

江苏师大的女教授们有些是在职考博,与直读相比,这个难度更大,因为有了家庭,有了孩子。学科建设办公室副主任娄峥嵘教授在南京读硕士期间,儿子正在读幼儿园,每次一跟儿子通电话必定会泪流满面。后来实在受不了了,她把孩子接到了南京上学。照顾孩子,是最消耗精力的一件事,即便如此,2004 年,娄峥嵘还是选择读博。

“人生嘛,无论选择什么道路都不可能没有问题,而我觉得在诸多道路中,考博大概是我最好的一种选择了。”娄峥嵘说,考博的路途辛苦而寂寞,但因为心底对学术有一种执着的追求,这让她一直坚持了下来,“考博的时候已经不像考硕时那么期待,理性了很多,不会对未来有过多诗意的设想,这样反而可以静下心接受一切。”

“任性”是为了更好地做学问

江苏师范大学体育学院基础部主任房东梅从小体弱多病,四年级时因此开始练田径,高考那年已经达到了国家二级运动员的水平。这样的成绩足以进入很好的体育院校，但房东梅很“任性”，坚持参加高考。最终她以高出一本线28分的成绩，考入北京体育大学仅有的两个理科系中的一个——基础系，成为江苏省体育界的“高考状元”。

“我考博的目的就是为了留在高校搞学术、做研究，所以在道路选择上基本没有过疑惑。”房东梅教授说，“都说女博士是男人、女人之外的‘第三类人’，这种说法，我听着觉得特恐怖。可一想到如果放弃热爱的体育事业，我就感觉比被当作‘第三类人’还恐怖。”

汪颖教授说：“我选择读博是一种淡淡欢喜的过程，阅读与思考，带来掩卷深思与豁然开朗。同时，用自己的学识还能带给同学帮助，带给家人欣喜，带给自己快乐。这本身就是一件很幸福的事儿。”

汪颖教授说，小时候有一天，她看到妈妈回到家时的样子很不开心，就问妈妈怎么回事？妈妈告诉她，今天在单位批评了一个年轻女孩，女孩气不过，回了一句：看你以后能教育出什么样的孩子！这句话带给妈妈的触动和忧郁，深深地印在了汪颖的心上。那时候起，她就下决心，要让自己优秀起来。

“刚开始我是为了母亲学习，可是渐渐地，我发现我自己也可以从学习中感受到快乐了。”汪颖教授说，成绩好了，她常常帮助其他同学，看着他们解决难题后的轻松表情，她真真切切感受到了快乐。于是以后就更加努力地学习，而不断地学习又给她带来新的惊喜——在做学术研究的时候，她找到了一种对生命价值的感悟。这样的良性循环让她受益至今。

“其实，女教授、女博士一点也不刻板古怪，特别是江苏师大的女教授们，她们在学校创建高水平、有品位学府的道路上，外塑形象，内增涵养，成为学校一道亮丽的风景。她们用不懈的奋斗、任性的美丽、常在的青春，诠释了高知女性的新词义。”岑红说。

发表于《江苏师范大学报》第 551 期第三版　徐州日报记者 刘苏（2015-03-15）

一号楼里的年轻人

——记江苏师范大学语言能力协同创新中心团队

保安王师傅已经对凌晨一两点还亮着灯的一号楼习以为常了。

在保卫科值了多年夜班的他，每隔一两个小时就要潜入黑沉沉的夜色中巡查校园。在江苏师范大学云龙校区这片600多亩的土地上，也只有他，能看到这座已伫立60年的老楼在深夜重新焕发的生机与活力。

江苏师范大学语言能力协同创新中心就隐在这片光亮中，一群年轻人正在一号楼里凝神讨论，“大师兄”张强一脸严肃，铿铿锵锵地将问题“一”“二”“三”抖了出来，灯光下垒了几摞A4纸——这帮师兄弟反复修改又再次否定的论文草稿。

学校里的人都知道语言科学学院院长杨亦鸣教授是“长江学者”特聘教授。但鲜为人知的是，他手下有一个极为优秀的年轻人团队，团队里的人平均年龄36岁，而且个个都是“一人能当几人使”的好手。

年轻人就要做伟大的事

张强是杨亦鸣院长的“大徒弟”，从本科到博士，他的导师都是杨亦鸣。2002年，而立之年的他放弃在报社的高薪稳定工作，回到当时的语言研究所，协助杨老师进行神经语言学方向的研究。

这是一个全新的交叉学科，国内首创。用张强的话来解释就是“神经语言学＝语言学＋神经科学＋医学＋统计学＋计算机”。不同于一般高校研究的普通语言学，它致力于研究语言的神经机制，要求研究人员掌握多学科知识。

这对于团队成员来说是一个巨大的考验。然而，在短短二十年的发展时间内，在杨亦鸣老师的带领下，中国高校人文社会科学研究优秀成果奖一等奖、教育部第六届高等学校科学研究优秀成果奖二等奖、江苏省高等教育教学成果特等奖等多项大奖成为他们的囊中之物。2007 年，创刊仅 5 年的《语言科学》杂志进入 CSSCI 索引源刊物，被《中文核心期刊要目总览》等多个核心期刊库收入。该期刊成为在国家社科基金首期和第二期资助的 200 余种刊物中，唯一获“优秀”等次（200 家中只有 23 家获“优秀”）的语言学类期刊。

2014 年，语言能力协同创新中心承担了由教育部和江苏省政府与联合国教科文组织合作主办的、以“语言能力与人类文明和社会进步”为主题的首届世界语言大会的主要筹备和策划工作。同年，该中心的本科教学成果获国家级教学成果奖一等奖，研究生教学成果获中国学位与研究生教育学会研究生教育教学成果奖二等奖。

杨亦鸣老师也总是时刻把“我们就是要把它做成国内第一的学科”“代表中国在国际上发声”这样的信念传递给团队的每一个成员。团队里的每一个人时刻都“站在学科发展的立场上做事”，肩负“学科的担当”。

团队成员刘涛认为，在新兴学科的发展中，知识储备不够其实只是他们需要克服的一小部分困难，真正亟须攻坚的则是神经语言学中

“太多未开发的领域”。这些年轻人正是在没有经验可借鉴的情况下做了大量的探索性工作。

2010年1月，一号楼发出一封寄往荷兰的论文，4个月之后，一篇修改了五年之久的论文被国际脑科学顶级期刊*Brain*刊登——《中英人群发展性阅读障碍：从不同的语言中分离出阅读障碍效应》，*Brain*编辑部以“文章写作和构思出众，是本领域具有开创性的重要成果，作者应该为此成果而感到自豪”来评价这篇仅被改动两处标点符号的处女作。这是国内第一篇发表在*Brain*杂志上的语言学研究论文，论文发表后，2年内已被SCI期刊引用40多次。

文章的第一作者——该团队1979年出生的博士生胡伟，那年才31岁。

在这篇处女作的背后，是长达两年的前期基础测查工作，是与国外专家往来一万多封的英文邮件，胡伟甚至为此延迟了一年硕士毕业论文答辩。

出人意料的是，这篇论文的指导老师杨亦鸣拒绝了第一作者的署名，在他看来，年轻人“早日挑大担”比什么都迫切。

2012年，团队联合北京大学、清华大学、北京外国语大学、香港中文大学、宾夕法尼亚州立大学、教育部语言文字应用研究所、中国社会科学院语言研究所等多所高校和科研院所成立了语言能力协同创新中心。这些高校和科研院所的名号，随便哪一个搬出来都是大名鼎鼎的，可是，这些名校又是如何心甘情愿“跟随”一号楼里这群年轻人的“向导”呢？

也许北大计算研究所所长俞士汶的回答足够有说服力：“计算机

的下一次变革将从人脑语言开始。”

而语言能力协同创新中心在这一方面的研究正是国内第一、国际一流。

在一次科研讨论会上，张强对同事们说：“不客气地讲，我认为我们在做一件伟大的事。”这话有些“张狂”地道出了神经语言学的科研意义。

的确，神经语言学不仅改变了语言学的形态，也改变了其他学科的形态。语言学和心理学交叉，可以解释语言交流的心理过程；语言学和神经科学交叉，可以解释语言理解与产出的神经基础；语言学和计算机科学交叉，推动人工智能研究中一些瓶颈问题的解决。“研究是为解决问题服务的，纯粹的象牙塔里的研究是不能常葆青春的。我们对语言能力方面的研究，就是抱着一个服务社会的信仰来的。”ERP实验室（Event-related Potentials，神经电生理实验室）主任顾介鑫曾作出这样的表白。

“伟大”从来都不是一蹴而就的

成功的花儿，人们只惊羡它现时的美丽，殊不知背后的汗水与窘境，却是一样也不少。光是在寻觅匹配磁共振实验设备的路上，他们就屡屡遇阻。

据《语言科学》编辑部主任封世文回忆，他们当初跑遍了徐州大大小小的医院借磁共振设备，结果却大失所望——不是设备情况不吻合，就是病人太多。于是，他们只得把实验时间改为每天晚上八点开始。这样一来，待全部数据整理归类完毕，常常是夜深人静的凌晨两点。2014 年，价值 2000 万元的 GE 3.0T 磁共振成像系统被引进实验室，这是进行人脑功能研究的国内最为先进的平台，年轻人们再也不用东奔西跑借设备了，于是这台机器也被年轻人亲切地称之为“大宝贝”。

“我们的学术要能够创造和引领世界学术研究的新潮流，就像在思想史和学术史上已经涌现的那些经典理论和假说一样，成为各国学术发展的航标。”杨亦鸣教授的雄心壮志鼓舞了这帮年轻人。

今年 6 月，第五届海外中国语言学者论坛即将召开，第二次负责统筹工作的刘涛此时已没有 8 年前的紧张与无措。彼时刚刚 27 岁的他接手第二届海外中国语言学者论坛的筹办——那是他第一次承担这样一个重量级的国际活动。筹办之初，杨亦鸣老师一条一条地告诉他注意事项。“会务组、通联组、邀请专家，方方面面都要顾及到”，这位青涩的小伙子丝毫不敢大意。

不过这在一号楼不是什么稀奇事儿，杨亦鸣老师用人不疑，协同创新中心模仿企业实行“项目经理制”，即项目由年轻教师做负责人，中心所有人由他负责调动，所有人必须无条件配合。杨老师对这批年轻人一直持鼓励态度，“帮助团队成员变得优秀，早日挑大担”，意在“着重培养年轻人‘独当一面’的能力”。现在，这帮师兄弟个个都是“一人能当几人使”的好手。

面对即将到来的第五届海外中国语言学者论坛，刘涛和张强这对兄弟档继续展开合作。他们每天会面，敲定活动的每个细节，两个人为考察参观线路把每天经过的路线重走了一遍又一遍。

今年刚刚留校担任助教的李倩南对一号楼团队的“传承”文化印

象深刻。她在硕士生阶段就接受过张珊珊师姐手把手地言传身教："这里的学术氛围会催迫你、激励你。"

据了解，语言科学学院培养人才实行双导师制。在这里，每一个研究生不仅有一个专业的导师，还会有一个高年级的研究生提供指导。张珊珊也认为，这样的培养模式，能够帮助学生更快地在科研上成长，早日出成果。

当然，这些沉甸甸的学术成果同样离不开家里人的理解与支持。

一号楼里有一个心照不宣的约定——"公事大于天"。从小师弟于亮到团队里资历最老的张强夫妻俩，谁都不敢让私事影响了科研进度。

"能不能申请和你见个面"这句话一直是一号楼的一个笑谈。这源于于亮和他新婚妻子的一条短信。

2014 年的十一假期，于亮"抽空"结了婚，还破天荒地申请到了三天婚假。十月九号晚上九点刚从泰国飞抵南京的他接到了同事的通知："快回来工作吧。有事！"把妻子送回家后，于亮就坐上了去北京出差的高铁，回到徐州，他来不及见新婚妻子一面就一头扎进科研项目中去。有一天中午，妻子发短信给将近一个月都没有回家的他："我在学校附近的超市，能不能申请和你见一面，吃个饭？"为了保证下午的工作进度，于亮还是"狠心"掐灭了自己的私心，喊来外卖快速解决了午饭。

这群年轻人却并不以之为苦，就像于亮的好哥们、正在伦敦大学学院进修的刘俊飞所言——"不能和国内其他同事一起奋斗、一同熬夜"才是种遗憾。

张强和张珊珊作为双职工家庭，在生活上要克服的困难更多。他们俩有一个两岁多的闺女，但是因为做科研有时候都顾不上她，张强一周最多只有两三天的时间陪孩子。

去年十月某天的凌晨一点，在合肥出差的张强突然接到张珊珊的电话，原来是生病的闺女想他了，嚷着“见爸爸”。张强哄闺女：“你先睡觉，天一亮爸爸就回来。”其实他的返程票定在当天下午。孩子当然没有见着“天一亮”就出现的爸爸，但她就这么一直穿着爸爸的衣服，由妈妈抱坐在沙发上，直到天亮。

就像今天，闺女又在家翘首盼了爸爸一天，熬夜到凌晨的张强却趴在笔记本电脑前睡着了。

早晨七点刚过，王师傅瞥了一眼保卫科对面的一号楼，按下了云龙校区的路灯总闸，楼前的两排路灯瞬间转暗。随即，他脱下一身工作服，跨上车拐出校门。

几个学生陆陆续续走进一号楼，今天，他们的第一节课是张强老师的“普通语言学”。

诸未静　刘日佳　高　洁

吴夏蓉：
我能想到最幸福的事

编者按：日前，“2012江苏高校辅导员年度人物”评选结果揭晓，我校电气工程及自动化学院团委书记、辅导员吴夏蓉老师荣获辅导员提名奖。该奖项由江苏省教育厅组织评选，此次共评出江苏高校辅导员年度人物奖10名、提名奖15名、入围奖25名。

吴老师自2003年7月毕业以来从事辅导员工作，一直工作在大学生思想政治教育第一线，是我校辅导员队伍中涌现出的优秀代表。除她以外，学校还有一大批在自己的岗位上默默奉献青春的辅导员。这与我校历来重视建设一支高素质、专业化、职业化的辅导员队伍的努力是分不开的。

打开她的人人网主页，最近更新的一篇日志名为《相离莫相忘，且行且珍惜》，发表于6月30日的凌晨零点44分。那是她刚刚结束了本年度的学生会换届工作有感而发。再向下翻看，不论是新生入校还是老生毕业，大到学生在全国性比赛中获奖，小到召开的一个个班会，一篇篇文字质朴感情真切的日志见证了她工作的点点滴滴。

她是我校电气工程及自动化学院的辅导员吴夏蓉，也是学生口中的“小吴老师”。自毕业后来到学院担任辅导员工作，十年来，她始终把“爱学生，理解学生，帮助和支持学生选择正确的人生道路”作为自己的工作准则。在实际工作中从细节入手，聚力青春，用爱心陪伴学生共同成长。

在“德”字上下功夫，探索教育规律结硕果

吴老师在工作中，注重用自己的言谈举止影响带动学生，充分发挥学生党员的主体性作用和模范带头作用，学生党员中超过60%的同学多次在全国、省级比赛中获奖，有80%以上的学生党员先后担任学院、班级的学生干部。2007届学生党员张秋香毕业后担任大学生村官，凭借出色的工作获得了“江苏省劳动模范”荣誉称号；2013年1月当选十二届全国人民代表大会代表，成为学生党员中的杰出代表。时至今日，张秋香还和吴老师保持着紧密的联系，这位全国人民代表大会代表在工作上遇到烦心的事儿，第一个想要寻找的依靠，仍然是大学时代的辅导员吴老师。

在“情”字上下功夫，全身心关爱学生成长成才

吴老师在多年的工作中始终坚持“六必谈”：学生受到表彰、奖励或批评、处分时必谈；学生遇到困难和挫折、情绪不稳时必谈；学生干部发挥作用不明显或思想、工作等方面出现问题，需要提醒或帮助教育时必谈；学生之间、干部之间产生矛盾隔阂时必谈；发生重大变故或问题时必谈；学生有要求谈话时必谈。在学生遇到各类困惑的时候，她总是用自己的智慧去启迪学生年轻的心。正是在这些平时的谈话

中，她加深了与学生的情感，加强了与学生的沟通，拉近了与学生的距离。

在“学”字上下功夫，聚焦学生兴奋点于专业学习

工科专业的学生平时学习比较紧张，压力大，实践能力的要求较高。针对这个特点，吴老师在不同阶段为学生制定了不同的学习目标。在日常工作中，吴老师将学生的兴奋点聚焦到专业学习上，鼓励学生要将所学的课程活学活用，提升自身的实践技能和创新能力。她引导同学们利用课余时间和寒暑假积极参与科研项目，近三年来，所带的学生在全国机器人大赛中获得了不俗的成绩。

在“特”字上下功夫，创新育人模式求实效

在长期的学生工作历练和不断的学习提升中，吴老师逐渐形成了自己特色鲜明的工作风格，她不断创新活动载体，加强塑造学生人文情怀，努力提高学生综合素质。在学生干部眼里，这位“总导演”虽然“工作挑剔，要求高”，但更像是一位乐于分享自己工作经验的姐姐，当学生干部遇到各种问题时，也最喜欢第一时间拨通她的电话获取指导。

在采访的最后，吴老师这样告诉记者：辅导员工作就像一双隐形的翅膀，轻轻托起学生美丽的梦想，伴着他们的青春一路歌唱。在这个平凡而又充满温情和力量的岗位上能看到学生们的快乐成长，是她工作中最幸福的事。

发表于《江苏师范大学报》第 514 期第三版 雪化时(2013-07-05)

平民劳模的“大”与“小”

——记我校离退休工作管理处李华龙老师

人的一生总是要在某种特定的职业生活中度过。“居处恭，执事敬，与人忠”，孔子在2500年前就向世人传达“敬”的训诫。如今，“敬”被诠释为更加具体的含义——敬业。在国家建设以盼复兴的当下，最需要的就是尊敬、热爱自己岗位的人才。

毛泽东主席给雷锋同志题字道：“一个人做一件好事不难，难的是一辈子做好事。”有的人没有雷锋那般的伟大，但却有着雷锋般的执着，将自己的一生专注于细小的工作，成了爱岗敬业的劳动模范，人人交口称赞。我校离退休工作管理处李华龙老师就是这么一个人。

“小岗位”的“大奉献”

1974年，19岁的李华龙高中毕业，算得上当时的“高学历”。因为当时全国正大闹“革命”，李华龙没能升学。他来到连云港灌南，成了当地生产大队中的一员，兼任当地民兵营营长。种了四年地后，李华龙找到了第一份正式工作：徐州师范学院食堂采购员。从此，一身灰、两脚泥、一辆三轮车，成了李华龙生活的全部。计划经济物资紧张，为了保证每个学生都能吃饱肚子，李华龙每天凌晨3点必到供销社排队买菜，忙活七八个小时，把三轮车装得满满当当，再蹬十里路赶回食堂。

“3 点买蔬菜、5 点切豆腐、10 点肉联厂拉肉……”李华龙仍然清楚地记得 20 多年前买菜的顺序，报菜品时如数家珍，那时每天他都要骑着小三轮拉一千斤的货，李华龙却置之一笑：“现在是用四个轱辘的车拉货，我用三个轱辘，也差不了多少嘛！”

学校食堂有三怕：一怕活重，二怕食客多，三怕招不到人。干的是脏累活、上下班没有准点，加上收入微薄，几乎没有青年人愿意到食堂上班。为了弥补劳力的不足，李华龙学起了烧菜做饭，一年之后，李华龙的厨艺便有了长足的进步，很能做几个家常菜。于是灶台上也常常出现李华龙的身影，每天除了采购，李华龙还要帮厨、打杂、洗刷锅碗，一个人干三个人的活，每天忙到晚上 10 点。

李华龙的踏实肯干，引起了曾荣获“江苏省劳动模范”称号的司务长秦宗云的注意。一天下午，秦宗云找到李华龙，给这个勤勉耐劳的小伙子出了一张“考卷”。“小李，养猪干不干？”原来，为了改善学生们的伙食，秦宗云在食堂后院起了一锅“小灶”——搭猪圈，养了 22 头肥猪，逢年节就用它们给学生添些油荤，但在那个年代，这种行为很可能会被诬蔑为“资本主义尾巴”。

“养猪给学生改善伙食是好事，我不怕人闲话，我干！”于是，李华龙与秦宗云开始一起料理一圈的“猪宝贝”，一时传为美谈。知道的人都说：“小李老秦开小灶，养了一圈猪宝宝，脏活累活一手包，猪儿养得圆滚滚，学生笑得乐淘淘。”

大早上来学校准备工作，碰上没开门就翻墙头进去；到矿上拉煤，一次就是十几吨；遇上停水，就去云龙湖挑水回来做饭……想起当年的辛苦，李华龙嘴角漾起淡淡的微笑，仿佛在回忆着幸福的往事。为什么能吃下这些苦？“因为学生老师要吃饭，总得有人来做呀！”李华龙的回答简短简单，却令记者不禁咋舌称赞。

一份工作有许多干法，有的人偷工减料、沦为懒汉，就把这份工作糟蹋了，自己也变得丑陋渺小；有的人勤劳踏实、甘当黄牛，就把他的工作价值抬高了，自己也变成了德才兼备的君子。在记者看来，李华龙就是如此一位君子：能够踏出渺小的圈子，尽力地放出光热。就如蜡烛般，虽然个头小，但是燃烧自己所放出的光芒却能溢满整个房间。

“小干部”的“大责任”

李华龙一直坚持工作在第一线，年逾 40 仍然秉持“带头干”的理念。上级领导念他年纪渐长，有意安排他做轻松些的工作，把他调到了离退休管理处做离休科科长。这本来是一件清闲差事，李华龙却用一贯的敬业精神将它诠释得无比充实。

“老同志们将一生奉献给学校，现在退下来，难免有照顾不到的地方，引起误会。”李华龙将自己当作学校和离退休职工之间的一座桥梁，每逢周末假期，李华龙总要“走街串巷”：与老职工们交流谈心、倾听他们的困难与要求、宣传党对离退休干部的政策。十几年下来，李华龙俨然成了离退休职工们的知心老友。

离退休职工年事高，加上由于年轻时工作辛苦，大部分身体欠安。在离休科的 14 年中，李华龙照顾过上百位卧病在床的老人，而其中令他印象最深刻的就是原历史系教授陈传金。2002 年，陈传金罹患肺癌，因为病情严重，鲜血有时甚至会从嘴里直接喷涌而出，陈教授膝下的一儿一女吓得不敢靠近老人。得知情况后，李华龙立刻赶到老人的病房，要求当老人的陪护，从此，照料陈传金也成了李华龙的日常工作之一，这份工作一直到老人去世才结束。

2003年正月初一，陈传金永远闭上了双眼。临终前，老人将李华龙唤至床前，留下了最后一句遗言："华龙，请把我的骨灰撒在泰山之巅吧，我想再看一眼那里的日出……"在送老人走完最后一程的路上，李华龙陷入了沉默，虽然他不知道泰山上发生过什么令老人终身难以忘怀的故事，但老人的遗愿一定要完成！在一切善后事宜都安排妥当之后，李华龙和老人的儿子便坐上了开往山东泰安的火车，趁着朝阳的光辉照向泰山之巅的时刻，将老人的骨灰安葬在那里。即使10年后的今天，李华龙仍然会不时地喃喃自语："陈老，泰山的日出很美丽吧？"

在离休科工作的14年中，李华龙为离退休职工送了上万份报刊、为离退休职工办理了160多万元的医药费报销手续……古道热肠、愿意卖力气的李华龙赢得了离退休职工们的一致赞许。在记者采访期间，从离退休职工口中听到关于李华龙最多的评价是："热心，能干！"90岁的李福兴常年受李华龙照顾，他对记者讲得最多的一句话就是："华龙帮了我许多忙，是个大好人！"

李华龙赢得了全体离退休老员工的赞许与信任。"虽然我的岗位小，但是需要照顾很多方面，不容我有丝毫懈怠。"正是这份对工作的热爱与责任心，让李华龙能在平凡的岗位上做出不平凡的成绩，也让他的脊背更加坚强挺拔。

做法是想法的表达，光想不做是矮子，想到做到才是巨人。李华龙的敬业不是停留在嘴上，而是通过他长满老茧的双手践行。责任，是李华龙常常挂在嘴边的词语，“职位虽小责任大”，这样一句训诫，李华龙牢记了40年，正是这样的责任心，把这位爱岗敬业的老共产党员的形象刻画得更加翔实、丰满。

“小人物”的“大精神”

就在记者采访当日，李华龙正巧要去给离休职工徐笠送上85岁的生日祝福，于是记者也一同前往。

敲响徐笠老人的家门，开门的是徐笠的老伴儿张玉侠，见是李华龙来了，忙将李华龙与记者迎至家中。

“老爷子！过几天是您的生日，我有工作不能陪您过了，今天提前为您祝寿！”说着，李华龙提过生日蛋糕，点上蜡烛，为老爷子庆祝生日。徐笠老人身体虚弱，是医院的“熟客”，常年卧床休息，加上子女不在身边，平时办理医药费报销手续全靠李华龙，遇上麻烦事也总爱打李华龙的电话。

“年纪一大把，家里就我和老头子两个，平常遇到什么麻烦事，最先想到的就是华龙。”在张玉侠眼中，李华龙就如同自己的家人一样，无论风吹日晒、刮风下雨，只要一个电话，李华龙便会出现，用徐笠的话来说，李华龙就是他们老两口遇上困难时“天上降下来的救星”。

2007年校党委决定，实行科级干部换岗交流，所有科级干部任职满6年后必须换岗。眼看着李华龙要走，离退休职工不干了，他们写信、打电话、约谈校领导，李华龙就是不能走！面对老朋友们的热情挽留，李华龙留下了，“我还不到60呢，还能接着干！等我找到靠谱的接班人后再走不迟！”

就这样，李华龙在离退处又干了6年。2013年，李华龙年满58，按规定要退二线了。这一次，离休干部们在学校举行的每学期一次的老干部座谈会上又对学校提出了要求：“华龙同志能不能像教授一样延聘，让他再干几年，把我们这些老骨头送走了，再让他退休。”离休干部们的深情让在场的校党委书记徐放鸣湿了眼眶。

由于工作出色，近年来李华龙先后两次被评为校先进工作者、优秀共产党员，2009年被评为校“三育人”先进个人，2012年被江苏省委教育工委授予“优秀共产党员”称号。

去年“五一”劳动节，李华龙荣获徐州市劳动模范称号。看着这枚凝结了自己近40年辛劳的奖章，李华龙略显苍老的面庞上露出了灿烂的笑容。

李华龙对记者说，能够得到“劳动模范”这个称号或许是自己一生最幸福的事情。“劳动是人类赖以生存的基础，劳模是最高尚的荣誉，没想到我竟能获此殊荣！”

模范之所以为模范，是因为有超出常人的精神与境界。在李华龙身上，体现出的正是一种超乎常人的敬业精神。“党教育我们，要做革命一块砖，哪里需要往哪搬！”李华龙把这叫作“砖头精神”，“砖头虽小，却能构造大楼，那么砖头需要做些什么呢？我想一是要能够承担一块砖头应该承受的重量，二是要有坚持不懈的精神。”

走上工作岗位的40年来，李华龙种过地、当过兵，干过采购员、保管员、司务长，哪份工作都不轻松，但是李华龙凭着“砖头精神”挺过一道道难关，用一贯的专注与奉献在平凡而辛苦的岗位中放光出彩。这位忠实的老共产党员，正用无私的奉献与一生的敬业谱写着一曲平凡劳动者的美妙赞歌。

发表于《江苏师范大学报》第532期第三版 龙馨泽(2014-05-05)

闪光的印迹

——教师志愿服务团队在行动

志愿服务是培育和践行社会主义核心价值观的有效途径。我校教师志愿服务者的脚步从苏北农村走到大洋彼岸，志愿精神薪火相传并发扬光大。在这里，志愿之树常青，志愿之花常开。

足迹：从苏北农村到大洋彼岸

七月的徐州骄阳似火，老年科技协会义务送培训下县区团队一行十余人来到了铜山区的各授课地点。

数学与统计学院退休教师戴朝寿教授对这次义务讲座记忆深刻："能容纳 200 多人的大礼堂挤满了从农村各个中学赶来的数学教师，没有空调，只有几个风扇在头顶上呼呼地转着，室内温度达到 40 ℃，听课的学员都是汗流浃背，我身上的白衬衫湿透了，盐渍都起得老厚。"但这一切都没有减弱老年科协的老师们传播知识的热情、播撒希望的热忱。参加培训的铜山中学刘国庆老师非常感动："农村教师的培训机会少，国培名额更少，我们都很珍惜义务送培的机会，全员来听。我们只是在底下坐着听都热得受不了，讲课的老师年龄这么大了，还坚持给我们上课，这些老教授真是我们学习的榜样。关键是他们所讲的内容正是我们所需要的，平时在一线教书，很少能有机会听到这样既能拓宽视野、转变观念，又接地气、操作性强的讲座，这样的讲座我们太欢迎了。”

我校老年科技协会的成员均为离退休老教授、老科技工作者，其中享受国务院政府特殊津贴专家有12人。他们专门针对农村中小学教师开展的“订单式”义务送培活动，仅仅三年，已经免费培训县区青年教师近8000人，为苏北农村教育事业的发展输送了大量人才。

2014年7月，即将结束台湾访学的传媒学院贾广惠教授就要离开了，他在台湾土地上亲手种下的小树也已生根发芽，冒出新绿。在台湾的这一年中，他在辅仁大学的校园里一共种了45棵树，他对台湾媒体《联合报》这样说：“我想人早晚会离开，但是树还会存在，希望这次的访学交流能够留下一些实质的东西。”这不是他第一次从事环保志愿服务，从2011年春天他带领五名志愿者远赴甘肃民勤进行植树治沙等一系列环保活动开始，他志愿服务的脚步从未停歇。在学校里他兢兢业业、言传身教，学生们欣然地称他是“‘贾’严师、‘真’慈父”；在社会上他以身作则、惠施大众，很多人都说他才是社会真正的“恩人”。贾教授总是鼓励学生从身边小事做起。云龙校区的王世佳同学说：“学生以前为了方便都是使用一次性塑料袋打饭，在贾老师的坚持劝说下，这种现象越来越少了。”据了解，贾教授在食堂限塑已经持续了六年，在他的坚持推动下，云龙校区2000多名学生，就餐使用塑料袋的“钉子户”已不足30人了。在他的感召下，越来越多的教师、学生和社会人士加入到环保公益事业中去。在贾老师的心中，他希望环保志愿活动能和那些他亲手种下的小树一般，发芽、成长、开花、结果，根植大地，仰望星空。

再次见到李晗老师，记者发现他的两鬓增添了几丝白发，刚刚结束长达两年海外孔子学院执教任务的他，又迅速投入到学校日常的教学活动中。现在他的课堂不仅像从前一样生动，更加入了许多国外志愿服务的经历、细节和收获，增添了号召师生志愿服务的感染力。

回忆起在大洋彼岸迈阿密的日子，他说："我的主要工作就是帮助拉美地区的学生更好地学习汉语，让更多对汉语感兴趣的外国人掌握汉语学习的有效方法，让更多的人加入到汉语学习的队伍中。"两年来，他广泛宣传汉语夏令营活动，组织迈阿密中国书展，积极而深入地宣传中国文化。李老师说："我也和孔子学院其他老师一起创办汉语文化俱乐部，利用每周四空余时间，向孔子学院的学生展示书法、刺绣、太极拳等中国标志性文化元素，加深他们对中国传统文化的了解。学生们非常愿意参与到我的志愿团队中去，他们认为这样既能学习汉语、了解中国，又能加强中西方文化的交流和融合，是个非常有意义的事情。我也很希望把这种志愿精神继续传递给我的学生，就这样一代代传递下去。"

事迹：老中青志愿服务接力

在我校，志愿服务精神已经扎根铸魂，开枝散叶，老一辈的教师们在服务他人的道路上继续领跑，更多的后来者们也已成功跟上了老前辈的脚步，志愿服务团队也如雨后春笋般层出不穷，已经做好传递志愿火炬的准备，并且要让这志愿之火永远燃烧下去、传递下去。

作为老年科协骨干成员的李开荣教授虽年近古稀，但他仍在志愿服务团队中表现积极、活跃，誓将志愿服务进行到底。老年科协的每次义务送培活动，李开荣教授都能克服各种困难，从没缺席过。他所教授的“外语习得与外语教学理念关系调整”深受广大农村中小学英语教师的欢迎。他说：“我要把这种为他人服务的精神传递下去，让更多的人愿意去帮助别人。”这样的精神让他的家人深受鼓舞，他的儿子李晗老师告诉我们，小时候起他就受到父亲的影响，总是想着怎样去帮助那些需要帮助的人。在父亲的大力支持下，李晗老师才能抛开家庭和事业发展顾虑，主动在国外孔子学院志愿服务长达两年。

师大教师不仅让文化之花飘香海外，同时也在彭城故土小心呵护国家民族的文化血脉，让她汩汩流传，不再湮没无闻。在全国第一所公益性质的民间书院——彭城书院，我们见到了正在为普通市民义务授课的杨绪敏教授。这是一所以复兴国学为己任、以“学术研究、文化传播、思想交流”为办学宗旨的书院，自建成以来，一直坚持着不收一分钱的原则办学。很多学龄前儿童、少年、白领、中老年人经常聚集在这里聆听智者的声音，接受知识的洗礼。当记者询问书院的创办者、我校校友汉风先生是如何维系书院的蓬勃发展时，他这样说道：“书院免费授课，老师都是志愿服务，大多来自江苏师范大学。作为师大的学生，师大深厚的文化底蕴给了我开办书院的启迪和资源，是我发展壮大书院的坚强后盾。”

我们了解到，我校已有 20 多位资深教授经常在书院进行志愿服务。在彭城书院义务讲学多年的马克思主义学院梅良勇教授对记者说道：“随着现代化进程的加速，传统文化出现了裂痕，而彭城书院恰好为传统文化的传承提供了一种强有力的支撑。在书院里，普通市民经过长时间传统经典文化的熏陶，可以逐步树立正确的世界观、人生观和价值观，他们在学到知识、增长见识的同时，也使精神境界和道德情操得到了升华。同时，学生和教师的互动，也激发了我自己的思维，对自己起到了促进作用。”

“义工是业余雷锋，社工是职业雷锋。”记者在乐善慈善义工服务队的人人主页上看到了这样一句话。科文学院社会工作系鲍文娜老师就是乐善义工服务队的带队老师。2011 年，鲍文娜老师带领队员来到邳州邢楼耿庄小学义务为留守儿童支教；在关爱失独老人方面，鲍老师无论走到哪里都亲切地称那些孤寡老人“爸爸妈妈”。今年上半年，徐州市泉山区妇联“爱心妈妈”团体举办关爱孤儿和单亲家庭子女的活动。鲍文娜老师结对认养了一个来自矿区的留守儿童。今年暑假，鲍老师把这个小女孩接到自己家中生活了半个多月。有一天晚上小女孩儿突然问鲍老师：“我能抱着你睡觉吗？”得到肯定的答复后，小女孩儿时而抱着鲍老师的肚子，时而又抱着脚，行为中透露着内心的极大满足感。看着小女孩儿幸福的模样，鲍老师的心中更加坚定了继续从事志愿服务、当好“爱心妈妈”的决心。

历史文化与旅游学院的青年教师殷子钰老师，曾在读研期间担任世博会志愿者，并凭借踏实、热情、周到的志愿服务当选为 2010 年上海世博会江苏馆形象大使，荣获“江苏省青年志愿者岗位服务之星”称号。毕业留校担任辅导员后，殷老师又继续带领历旅学院的学生进行各种类型的志愿服务，其中最典型的就是历旅学院“爱之闪光”活动。“区别于其他志愿活动的是，‘爱之闪光’面向特殊人群，不仅要求志愿者付出体力劳动，更多地需要脑力劳动，志愿者们要想办法与残障人士沟通，怎样能与他们沟通的效果更好，这就需要我们有足够的耐心和信心,更要有智慧。”殷老师这样说道。

心迹:服务社会共创和谐

鲍文娜老师对志愿服务有着自己的感悟,她对记者说:“这么多年来,学校一直都对乐善慈善义工服务队大力支持,也让我更加有动力继续去关爱弱势群体,尽我最大的努力做点力所能及的事情。不管是留守儿童、失独老人、孤儿还是单亲子女,都需要社会给予更多的关爱,我们乐善慈善义工服务队将会一如既往地关注这些可亲可怜的人,也希望我们所有人能够携起手来,一起去关爱这些弱势群体,让我们这个社会更有‘人情味儿’。”

贾广惠老师在骆驼山挖树那天的日记中写道:“今天三点半就醒了,醒来之后就睡不着了,想想前几天得到消息骆驼山变成了工地,那里马上就要建楼了,一些野树会被推土机推掉,我能抢救一棵是一棵吧。到了地方,我发现在废墟中自然生长的法桐和梧桐被野蛮砍伐、削头,到处堆积着建筑垃圾。这使得我不停地从碎砖烂石头中扒出树苗来。法桐发芽了,得赶紧抢救,不然没有时间和精力了。”那天他把挖来的十余棵树苗用绳子捆好,放在自行车上,驮回住处,并亲手把树苗一棵棵种在小区里。挖树种树,是他每年春季都要重复的事,仅今年春节以来,他已抢救了130多棵“濒死”树苗。他在自己的博客中写道:“最多时,我两天就种了52棵。”他说:“看到被我救下来的小树,就像看到了自己的孩子。”

法律援助中心的陈璞老师谈起支撑着自己坚持志愿服务的动力时这样说:“第一,是对法律的信仰,同时也想通过我们的努力,让法律成为更多人的信仰；第二，是因为作为老师要对学生负责，在实践中提高学生的综合能力；第三，就是奉献。法律援助这项工作，并不是只在我有空的时候才需要去做，随时都有可能会有当事人来寻求法律帮助，会有学生来咨询。所以，更多的是需要奉献的精神。志愿服务已经成为我们的一种生活方式。”

这些朴实的话语记录着老师们的感悟与思考，也是他们在志愿服务中最真实的成长心迹。

在我校，志愿服务精神已经扎根铸魂，开枝散叶，志愿服务团队如雨后春笋般层出不穷。正如校党委书记徐放鸣教授所说：“作为师范类院校，我校广大教师在教书育人的同时，要主动走出去，带头宣传和践行核心价值观，到志愿服务的广阔天地中去汲取成长的智慧和力量，真正将自身所学服务社会、服务人民。”

发表于《江苏师范大学报》第 539 期第 1～2 版 本报编辑部（2014-09-15）

图书馆里那个可爱的爷爷

——致敬文图书馆管理员郑运良

明天你是否会想起，图书馆里帮你找书的爷爷？明天你是否还惦记，夏日里为你拉起帘子的爷爷？你总说毕业遥遥无期，转眼就各奔东西。

九月中旬，今年刚刚从师大毕业的魏梦瑶在人人上发表了这样一段话：“你们还记得那个图书馆爷爷么？我坐在书架里的地上睡着了，他走过来我以为他要骂我，但是他说，地上凉，垫本书坐着。我咳嗽咳到肺都快吐出来，他说回去吃点药休息一下吧。我放在图书馆的杯子里的茶好久没换，有天早上来，发现他帮我换了新的茶叶。他告诉我离家那么远来上学，有什么困难就来找他。敬文图书馆有了郑爷爷，所以我觉得这是我待过的最像家的图书馆。”这段话被很多师大的学子转发、点赞，而话里提到的爷爷就是敬文图书馆管理员郑运良。

动人以行不以言

初见郑爷爷时，他拿下了眼镜，眼睛炯炯有神，头发梳得很整齐，工作时严肃认真，说话轻轻地，眼里是满满的笑意。图书馆管理员的工作枯燥又烦琐，但是年过半百的郑运良一做就是6年，风雨无阻。

夏天的阅览室因为开了空调，门口的塑料帘子是放下来的，同学们进出阅览室时，郑爷爷会贴心地为同学们拉开帘子。当保洁人员进出时,爷爷也会主动拉起帘子提供方便,同时也减小了碰撞帘子发出的声音对自习的同学们造成的影响。郑爷爷似乎总是能把每件事都考虑周全。临近考试周的时候,图书馆里总是人满为患,这个时候就会有些同学到阅览室外在走廊上背书,郑爷爷总会温和地提醒这些粗心的孩子,声音小一点不要影响其他同学。郑爷爷还有个好习惯,总会在口袋里装着一个小刀片,看到地上、桌上有脏东西,就会顺手铲掉,以保持图书馆的清洁。

徐州的冬天刺骨地冷,同学们都喜欢去温暖的图书馆,有些同学就会把冰冷的手套放在暖气上,郑爷爷则会不厌其烦地把手套翻个"身"。见得多了,就有同学问他为什么要翻手套,爷爷一本正经认真地说:"这样手套两边都能烤到,你们出去的时候戴着暖和。"温暖的图书馆,总是让人犯困,一进图书馆,总能在桌子上发现几个流着哈喇子的同学。当同学们疲惫地趴在桌子上休息时,郑爷爷就会不时徘徊在他们周围,随手带走桌面上的垃圾,再顺手把水杯移远些,以防同学睡着后不经意碰倒水杯。2014 年考研前,郑爷爷在阅览室门口的小黑板上为考研团写下了"祝你们马到成功"的祝福语,带着家人般的温馨祝福,暖的是一群人的心田。

这样的小事还有很多,几乎每一个在图书馆阅览室自习过的人,都有关于郑运良爷爷的温暖故事要分享。

爱人者人恒爱之

采访时记者直白地表达了对郑爷爷的喜爱:"郑爷爷,我们都很喜欢你。"郑爷爷回道:"因为我喜欢你们啊。"对啊,因为喜欢我们,所以他才把我们都放在心坎儿上，我们感受到他满满的关怀，所以我们也喜欢他。人与人的相处有时候就是这么简单，多一点关怀与喜欢，世界便充满了爱。

郑爷爷表示他也曾想过为年轻人让位，但是他舍不得他在图书馆里的这群孩子们。就是这样一个温和的人，默默地陪伴了一届又一届的师大学子走过了2000多个日日夜夜。提起6年里印象最深刻的事，郑爷爷咧开嘴，不假思索地回答说："印象最深刻的就是过年过节的时候，孩子们给我发的短信和寄的信了。"说完，郑爷爷从抽屉里拿出一个泛黄的档案袋，小心翼翼地从里面拿出保存得完完整整的、大大小小的贺卡和纸条，厚厚的纸条下，还有一本红色的证书，这是郑爷爷在敬文图书馆"党员先锋岗、服务示范岗"创评活动中获得"党员先锋岗先进个人"荣誉称号的证书。做人不显山不露水，行事低调有尺度，这便是郑爷爷。

光阴似箭，6年过去了，59岁的郑老看着一批一批的学子来了又走，不变的是一颗关怀心。尽管守着图书馆的人已老，整理着一本本泛黄书本的人青春不再，但是，对同学们的爱依然一如从前。

在这个喧嚣的时代，人们改变了很多，改变了装束，改变了外在的模样，乃至价值观、人生观。但是情感依旧是人们最敏感和最脆弱的部分。郑爷爷以温情动人，让我们离家仍感到家的温暖。

有的人是唯一最可爱的人，从来不是要应时，而是要传世。郑爷爷将这种工作态度和生活态度传达给一代一代的人，也将爱传承。

发表于《江苏师范大学报》第542期第三版 徐家贵 杨茜(2014-10-25)

三尺讲台的坚守

——记老年科技协会义务送培新沂行活动

“趁我还有余热的时候，还想为教育事业做点事。”11 月 21 日早上 6 点 20 分，徐州城还在蒙蒙的大雾中沉睡，从徐州开往新沂的大巴车上，78 岁的石开屏教授向记者这样描述参加义务送培的目的。

此行前往新沂一中、钟吾中学、新安小学、新华小学和城南小学送培的老教授共计 9 人，这一行人中，年纪最小的退休教授也已经 67 岁了。参加送培的老教授都是在全省乃至全国有较大影响的教育专家。

江苏师范大学老年科学技术协会成立于 2010 年 11 月 30 日，当时有会员 29 人，现有 60 人，其中正高职称 40 人。4 年来，老年科协在学校党委和行政的领导、支持下，在离退休工作处的大力帮助下，鼓励全体会员，本着发挥专长、量力而行，服务社会、乐在其中的原则，在力所能及的范围内开展活动，取得了显著成绩。

除了开展大量科技、文化、教育考察活动外，协会还从 2012 年开始“义务送培下乡”活动，以满足农村中小学教师和生产管理干部迫切的学习需求。现已去过丰县、睢宁、沛县、铜山和新沂。

新沂市的 130 余名中小学教师聆听了数学、物理、化学、中文、外语、教育学科的专题讲座。与此同时，在徐州市委组织部、发改委的精心组织，协办单位市委党校的具体安排下，来自各乡镇负责工业经济工作的领导同志、涉及工业经济的部委办局分管领导同志、开发区和工业园区分管工业经济领导的同志及企业主要负责人共120多人，聆听了经济管理学科老教授所作的专题讲座。

“这几年，我们老年科协已经总计培训了9700余人。”戴朝寿教授回顾四年工作时感慨地说。

周明儒教授发现在我校举办的“国培计划”项目中，徐州下辖县市来参加的老师很有限，地方教育局无力支持高额的教师培训费用，高强度的工作也不允许教师离开工作岗位太久。“地方有巨大的需求，我们也想继续奉献余热，义务送培是一举多得。”周教授欣慰地说。

周明儒教授表示，义务送培选择了教育课程改革和贯彻落实党的十八大关于经济转型、产业升级等热点问题，贴近当前教学和经济发展环境变化实际，内容丰富多彩，具有很强的针对性、实用性。为中小学教师所开的讲座对更新教师教学课改理念，提升教师教育教学能力，促进教师专业发展，提升教师教育教学能力具有一定的指导作用。为有关管理部门领导同志和部分企业主要负责人所开的讲座围绕贯彻落实党的十八大精神，进一步提高对为什么要转型升级、如何通过锐意创新推进转型升级的认识，特别是就制度创新和营销创新细加分析，有助于企业加快转型升级。

“这些讲座具有很强的针对性、实用性，讲座内容对促进教师专业发展，提升教师教育教学能力具有深远的指导意义。”新沂教研室的陆保明说，“江苏师大老教授们严谨的治学态度和忘我的奉献精神，使我们不仅享受了一场文化盛宴，还经受了一次极大的灵魂震撼。”

参加培训的教师们纷纷表示要把这次学来的先进知识和理念运

用到今后的教学工作中去，努力更新课改理念，提升专业水平，促进自身修养的提高，使教学取得更好的效果。参培的有关管理部门领导同志和部分企业主要负责人一致反映，这场讲座深入浅出，理论联系实际，开拓了创新视野，明确了转型升级的方向和着力点。希望今后组织更多的此类活动。

杨乃虹教授动容地说："在志愿活动中，我更加明白自己的使命，送培是我们高等师范院校的职责。只要身体允许，我会继续参加科协的活动。"

一次次的义务送培活动，都离不开校离退处的保驾护航。张亚军处长表示他最担心的就是老教授们的安全和身体健康："老教授们为地方教育和经济发展作贡献，这种精神我很敬佩。我们将继续为他们搭建好老有所为、老有所乐的平台，让他们好好贡献余热。"

老教授们面对退休后的生活，不孤独、不忧烦。正如俗话所说："人生六十第二春"，老教授们积极参与老年科协举办的义务送培活动，坚守三尺讲台，无私地奉献。岁月默默划深额际，美丽的皱纹、花白的银发，是对"蜡炬成灰泪始干"最好的赞美。

"参加义务送培活动，最开心的时候是看到台下教师们认真的眼神，这是对我们最大的肯定。"石开屏教授说。

发表于《江苏师范大学报》第 547 期第三版 诸未静(2014-12-15)

劳动者的故事

清晨4点，食堂的厨房里已经有了烟火的气息，保卫室里灯下值守了一夜的保安大叔仍然安静地坐着，还没有到换班的时候。4点的我们依旧沉浸在睡梦中，而他们忙碌的工作从未停止。晚间11点，换上睡衣已经1个多小时的阿姨，仍然没有睡，同学送下来的衣服正在清洗，门厅灯也为晚归的同学留着。11点的我们已躺在宿舍床上刷着手机、看着微博打发时间，他们仍坚守着自己的岗位。他们，是校园里默默奉献、甘于平淡的劳动者们！

"同学，同学……下雨了，快收衣服""互相转告一下，下雨了……"略显尖锐且稍带沙哑的嗓音，让一个个"两耳不闻窗外事"的同学，如梦初醒般地冲向自己晒在外面的被子和衣物。这是宿管阿姨和大叔在提醒大家。每到下雨天，宿舍楼下就会响起这样的声音，让很多人心里感到温暖和踏实。记者采访了负责公寓三组团的宿管阿姨柏秋云，她向我们介绍，他们的工作是24小时制，必须全天都待在宿舍楼，平时要负责按时开门关门，整栋楼的内务检查，以及送洗同学们的衣服。工作非常零碎却又异常繁忙，平时难有时间休息。若是赶上节假日，同学们提前出去或者晚归，还要为同学们留意宿舍开门和关门的时间，连夜里也睡不得一个好觉了。记者采访时留意到，虽然已经过了关门的时间，但是，阿姨并没有锁门，只是有一个褡裢锁稍稍搭住了一点。“这次又到‘五一’，好多同学买的是半夜或凌晨的票，为了不耽误他们回家，晚上起夜开门方便，下次要好好‘批评’一下他们了。”阿姨打趣般地向记者解释道。采访过程中，偶有晚归的同学，阿姨免不了批评两句。他们就是这样，偶尔让你觉得唠叨、麻烦，却一直为我们留着一扇方便之门，风雨无阻。

除去每天都要留守的宿管员，在宿舍楼中还有一道道蓝色的身影，每天同样忙碌地穿梭在不同的楼宇之间，他们就是负责学生饮水的搬运工人。“从早上 7:30 将水从车上卸下，中午再将水一桶桶搬至各个楼层，晚上如果值班则要到 8 点才能真正下班。”彭爱琴阿姨向记者说道。彭阿姨是负责 4 幢楼饮水的搬运工人，每天大概要搬 50 桶，每桶近 20 千克，阿姨已经 50 多岁了，100C 千克的重量，来回 4 栋楼，上下 6 层，这样的工作对于一个壮小伙都不轻松，何况是彭阿姨呢。工作本已十分繁重，假使遇到同学们不配合的情况，她还会花去更多的时间。在这里记者也向同学们建议：自己在楼道旁搬水时留下宿舍号，方便收水费的同时也免去一户户敲门打扰其他同学的午休。试想，如果不是搬运工人们牺牲午睡时间辛勤工作，又怎么会有我们便捷的生活？她们没有惊天动地的成就，没有一鸣惊人的壮举，但正是这些平凡的人们用双手编织着这个不平凡的世界。

从宿舍到教室，外国语学院的同学途经传达室时，总会看到一个面目和善的大叔，如果你走进去向他要一杯水，他会毫不介意地说，“没事，你倒吧。”他，就是段世岩。作为传达室一员，他的工作时间是晚上 5:30 至第二天早晨 7:30，而他的工作却不仅仅是保安那么简单。他不只是要负责楼宇的安全，平时的巡逻，防火防盗，还要负责教学设施的保修，有时遇到借用器材不归还的情况还要亲自去拿，偶尔还要扮演保洁的角色，清理学生在教室留下的垃圾。晚自习结束后他一定要检查完每一扇门窗才能安心地回到传达室。在常人看来难以忍受的枯燥无聊的琐碎工作，段师傅一做就是几个春秋，没有任何怨言和后悔。路遥在《平凡的世界》中写道："不论什么人，最终还是要崇尚那些能用双手创造生活的劳动者。"在这里记者也同样想把这句话送给他们。

在这个"五一"劳动节里，这些最普通的劳动者应当被牢记，无论他们坚守在什么岗位，都是在创造幸福生活，他们对生活的热爱和对幸福的追求，都能使我们感受到生活的真谛。无数平凡而伟大的人们，无数普通而杰出的人们，他们用坚守感动我们，震撼我们。无须记住他们的名字，只要记得还有许多和他们一样的人，等待我们去学习，去感动，去骄傲。

发表于《江苏师范大学报》第555期第三版　祁佳怡(2015-05-05)

凝心聚血助力《辞源》再版

——我校古敬恒教授及其团队参与第三次《辞源》修订

“王宁教授打电话问愿不愿意参加这次《辞源》再版工作的时候，我还挺犹豫，担心自己不能很好地完成这项艰巨的任务。最后啊，她直截了当地问我：‘一句话，接还是不接?’我一咬牙说‘接!’哈哈哈……”

这位笑声爽朗、精神矍铄的老人就是参与此次《辞源》再版修订工作的古敬恒教授。老先生年过古稀，本是含饴弄孙、尽享天伦的年纪，却诲人不倦，笔耕不辍，仍然活跃在讲台和学术界，将自己的知识传授、分享给更多人。

“责任落到我的肩上，我不推。”古教授认真地对记者说。

博学的教授，亲切的“爷爷”

从1915到2015，从400万字到1200万字，《辞源》这部中国现代史上第一部大规模的语文辞书迎来了它100岁生日。“源者，水泉本也。”顾名思义，“辞源”是词语源头的意思。它是专为解决阅读古籍时关于语词典故和有关古代文物典章制度等知识性疑难问题的工具书。

这种大型工具书的编订和修改离不开大量优秀的古汉语研究学者们夜以继日的努力、刻苦钻研的精神和深厚的专业知识积淀。我校优秀的语言学者古敬恒教授受商务印书馆之邀参加此次《辞源》修订工作。当记者打电话同教授约定采访时间时，老教授就显露满腔的热情，谁也没想到这位亲自将水果饮料塞到记者手中、如同家中爷爷般亲切的老人是位德高望重、满腹经纶的教授。

古敬恒教授毕业于南京师范大学，1981 年到我校从事教学工作，父亲是著名语言学家古德夫先生。家学渊源的熏陶、自身深厚的文字功底和内心深处对古汉语的喜爱使得古教授多年来笔耕不辍，出版了《新编说文解字》《汉字中的建筑之美》《徐锴〈说文系传〉研究》等著作，获得了学术界的一致好评和肯定。其中，《新编说文解字》获得了国家图书"金钥匙奖"、许慎研究会一等奖。"不是什么大奖，没什么值得说的"，教授一再谦虚地表示。

正式采访之前，古教授还给我们看了他与自己得意门生的合影，照片中教授被簇拥在中间，笑容里说不出的自豪与欣慰。每一位学生的名字、工作单位，教授都如数家珍般的给我们介绍。采访随后在其乐融融的气氛中展开。古教授没有一点"名教授"的架子，他拿出一沓早早准备好的材料，因为上了年纪，看自己写的提纲要借助一副半新的老花镜，与记者们交流沟通时又小心地摘下来。古教授自始至终娓娓道来，尽显涵养。

汉语言教研室的乔秋颖教授，现在我校文学院从事语言教学，是古老师的同事兼好友。乔老师向记者介绍道："古老师一直是一个认真低调、谦虚随和的人，很有人格魅力。就这次《辞源》修订来说，古老师也是很谦和地问我有没有时间，能不能参与这次修订团队。我们也很荣幸能参与进来。""老先生因为要在网上看电子版的《四库丛书》，同时也为了方便和我们通过 e-mail 联系，特意学了电脑。”乔老师还告诉记者，古老师和学生私底下关系都很好，“我家小孩私底下就喊古老师‘古大大’，两家经常一起吃饭。”

“责任落到我肩上，我不推”

采访过程中，古教授非常谦虚地介绍说，“第三次《辞源》修订的团队人员，包括北京大学、北京师范大学、南京大学等一批名校名家，使我们深感压力。但是我们也是经过了主编和商务印书馆的认真考察，这份机遇能落到我们身上，说明我校的语言研究底子还是相当雄厚的。”老先生如数家珍地向我们介绍道：“我校语言学科自 20 世纪 50 年代开始创建，拥有廖序东先生、古德夫先生、李成蹊先生等一批著名学者，我校也是我国第一批语言学硕士授予单位。就古汉语专业而言，一批年长学者，都传承着老一辈语言研究的精神，在不同领域各有建树。现在又陆续出现乔秋颖、于立昌、王珏、李荣刚、王本灵等一批年轻的语言学者在传承汉语研究，语言专业源远流长，实力不俗。”

古教授颇为感慨地回忆，2011 年 3 月，王宁教授打电话询问他，商务印书馆请他参与这次《辞源》再修订的工作，是否愿意接下来。古教授说：“当时稍有犹豫，一方面对邀请感到振奋激动，说明上面对我们的信任，另一方面又觉得这项任务非常有挑战性，担心能否顺利完成。但这是对学术的奉献，机遇难求，责无旁贷，于是毅然接下了这份任务。”对古教授来说，面对难得的机遇，压力确实非常大，但在接下来的三年多中，他将这份压力都化作了动力。古教授与他的团队负责《辞源》中“酉”集的修订工作。近百万字，历时三年余，经四五批次的大修改,八个人共同付出了心血。谈话中古教授拿来一本第二版的《辞源》,非常厚重。记者注意到这本《辞源》因为翻得遍数太多书页已经卷了起来。书上的字既小又密,书页空白处先生都打着大大小小不同的符号,记者翻阅了一下,因字小,读来很是费力。古教授已是古稀之年,又是怎样翻阅的呢?好奇之下询问了古教授,他解释说"是用放大镜来看的,毕竟年纪大了。"教授说得云淡风轻,我们却是顿生敬意。接着询问三年修订是怎样完成的,教授介绍道:"需要看电子版的图书资料如《四库全书》《四部丛刊》等,并必须与纸质的文献相对勘,大部分图书是通过云龙校区图书馆、敬文图书馆和文学院图书室借阅。"古教授在查阅资料的同时,还要阅读和修改团队中其他人交过来的稿子,常常工作到深夜。先生前期十几年通讯工作的磨炼,三十多年语言教学科研的积淀,十多年编辑生涯的经验,在这里综合起了作用。我们感慨万分,先生却很认真地说:"这是传承和发展学术的需要,也是学界前辈的信任,我一定尽我所能。"老先生的认真严谨可见一斑。

这是荣幸,更是职责

《辞源》的再版是一项浩大的工程,参与编纂的人员共百余人。古教授所在小组的成员有我校教师乔秋颖、于立昌、王珏、王本灵,校友刘悦、王林喜、孙启荣,多数是古先生的高足。由于再版内容繁多,编辑部将《辞源》分为子、丑、寅、卯等十二集。古教授与其团队负责第十集"酉"的内容,其中包括 20 个部首。仅"言"部就收录汉字 282 个,双音词及多音词条 1202 个。由于有些部首的词条量很多,所以小组内主要根据字的词条量进行合理分工。"我们团队的理念是:既要有拼命精神，又要有严谨的科学态度，后者更为重要。"古老师郑重说道。这次是《辞源》的第三次修订，除了增设百科条目，主要还是对词的义项、释义作适当调整，如"謇谔"是"正直敢言"而不仅是"正直"；"釁"是将血涂抹于器物之上的"血祭"，而不是"血祭，也指将血涂抹于器物上"。此外，大量的工作集中于改正"误""衍""脱"，也就是错字的改正，多余字的去除，脱漏字的补充。每一处改正都需要查阅大量的电子版图书，运用大量的纸质书进行佐证，并认真思考，反复推敲。只有找到两个以上的证据和依据时，才可以考虑修改。"有时早上四五点起床，趁着精气神好多做点，有时会做到深夜，主要是抓紧白天来干，还要审阅其他同志整理的相关资料。"当我们感叹古教授的辛苦时，他却说："我们不辛苦，能被选中是我们的荣幸，也是我们职责所在。"从2011年到2013年下半年，经过近千个日夜的工作，他们的任务终于完成了。这不仅考验他们的刻苦、耐心，更需要严谨的逻辑和分析辩解能力。

谆谆教诲犹在耳，与有荣焉师大人

谈及对大学生有什么建议时，古教授说，"大学生就要广泛地去接触不同的领域，去发现别人没有发现的东西，找到你感兴趣的点，再进行深度研究，找题目写论文，作为自己的主攻方向，脚踏实地地去干。有时虽是一点闪光，但只要你潜心研究，就能够产出成果。这就是我的心得。"现如今对古汉语感兴趣的学生越来越少，古教授很感慨也很忧心。他认真地说："传统国学是民族文化的根基，这绝对不能丢，国学中蕴含着很多精华，需要你们自己去发现去品味。"

古教授及其团队这次参与《辞源》的再编订，既是他们的荣耀，更是师大的荣耀。每个江苏师大人都与有荣焉！

作为国家“十一五”和“十二五”规划重点出版项目，新闻出版总署委托商务印书馆再次修订出版《辞源》，正是对古代文化的重视。作为当代大学生，我们更不能忘记这一点，要勇敢挑起振兴国学的重任。

发表于《江苏师范大学报》第565期第三版 王婷 赵嘉琪 黎安(2015-11-03)

校园中的“绿手指”

——访校园中的花木修剪工张庆和师傅

一年四季，每一年寒来暑往，悄无声息。十余年的坚持不懈，检验着一位平凡老师傅对于岗位的热爱，一片片整齐的新绿、一棵棵茂盛的花木，吐露出一位老校工对于师大的浓浓真情。在第38个植树节到来之际，记者走近一位工作在绿化岗位上的老校工，走进属于他的不平凡的故事。

坚守岗位十余年，用耐心细致修出校园寸寸新绿

一手握紧发动绳，一手按住绿篱机，弓下身子用力来回拽动，利索的动作使绿篱机迅速开动。右手随即端起后柄，左手提着把手，伴随着发动机刺耳的轰鸣和浓烈的汽油味，绿化带里的小油松、道路两旁的万年青等绿化植物被修理得平整干净。从研究生公寓到机电学院，从玉泉河畔到牛山脚下，张庆和师傅的背影从师大校园的春夏秋冬里走过。

“别看修理这一棵万年青那么容易，这可是个技术，修树就像理发，你得来回观察，剪多剪少都不行。”当记者在校园里发现张庆和师傅时，不善言辞的张师傅许久才跟记者说出这句话。话虽不多，但句里字间都在透露出这份工作的真义。

张庆和师傅现年61岁，在学校已经工作了十几年，说到这里，张师傅着重向记者回忆了十年前师大的面貌，今昔对比，师大的校园经历了一个又一个飞跃式的变迁。

每天早上八点到岗，下午五点收工，一天中大部分的时间，张师傅都是在校园里度过。修剪绿化苗木只是他的工作之一，张师傅随即指着路旁的法国梧桐：“一年四季都不闲着，天天都有事情做。夏天修剪苗木、修草坪，像这些树枝，趁着还没发芽得赶紧修理。这个难度可比修理绿化带大多了。”

说到这里记者观察到，张师傅将修剪下的碎枝碎叶扫到了一起，随即收集到离自己不远的脚踏三轮车上。刚刚修剪完的万年青，脱胎换骨如艺术品一般稳立在那里，接受着来来往往人流的检阅。

对师大充满感情，希望能作出自己的贡献

十年的师大感情，使得校园每一年每一月每一天日新月异的变化，都能清楚地印刻在张师傅的脑海里。谈起对师大的感情，张师傅说：“学校待我挺好的，我是老工人了，每年中秋和春节，都能获得学校提供的慰问金。曾经校领导到校园里视察时，看到我在工作，还专门和我握过手嘞！”

当张师傅提起自己日益增长的年龄时，也不禁表现出了作为一个老校工的担忧。张师傅是其部门工友中年龄最大的一位，能不能继续干下去，对于他来说还是一个未知数。“我肯定得退掉的，但还不确定是什么时候，也许是今年，也许是明年，但肯定是最近两年。但我希望能多待在这几年，这人啊待在一个地方久了就有感情了，轻易走不了

的!”张师傅调侃般地向记者表达了自己对于校园的留恋。张师傅家中有一双儿女,儿女早已成家,也已经有了一个孙子和外孙女,生活较为宽裕,老伴两处走动为儿女带孩子,儿女更是多次建议张师傅辞去现有的工作回家养老,但他对于修剪工作的热爱没有产生过任何动摇。在谈到晚年生活的打算时,张师傅说道:“我希望以后能回家带着孙子上学,把孙子培养成人,让他考上大学,成为像你们这样有学问的人。”

在最后的采访环节,张庆和老师傅强烈地表达了自己对于师大学生的期待,张师傅对记者说:“入了春,天气越来越热,捡到的饮料瓶越来越多了。我想告诉学生们,少喝饮料,喝多了对身体不好。”虽然这话直白利落,但一字一句,体现出的是这位老师傅对于师大学生浓浓的关心和爱意。

发表于《江苏师范大学报》第 574 期第三版 吴向裕(2016-03-25)

永远的音符　不朽的乐章

——写在我校音乐教育事业奠基人、著名音乐教育家费承铿教授八十诞辰之际

又是五月，又是夏天，费承铿教授走了整整三年了。

这个季节似乎特别钟情于他，草木青郁，枝繁叶密。1937 年夏天，出生于吴地苏州的他呼吸着第一缕盛夏的空气；1951 年的初夏，一个蹦跶在苏州人民路上的灵气少年偶然地被新苏师范学校录取，开始了他的音乐人生；1969 年夏天，江都周口公社的下放生活是他不可磨灭的记忆。同样是夏天，1992 年的徐州师院，他从南京只身来徐，苦心求索将我校音乐系的建设大任毅然担起。还是夏天，新世纪的第一个年头，他离开了三尺讲台，积极投身义务音乐教育直到弥留之际……那年夏风好像云一般柔软，这个季节的玉泉河东畔，似乎还是三年前的气息。

以身作则，用毕生诠释“师德”的意义

直到今天，每当谈起费承铿先生，音乐学院院长苗雨教授还是眼含热泪：“我没有料到费老师走得那么快。那天傍晚，我接到费老师的电话，一听声音就不对劲了，他用沙哑的嗓音对我说：‘苗苗（昵称）啊，我有事跟你说。我出了点问题，现在要去医院了，我还有几个学生的

论文没有指导完，有可能参加不了他们的毕业答辩了，你抓紧把他们安排好……’”等到苗雨院长赶到医院时，费教授的神志已经趋于模糊。“我没有想到那一通电话竟是费老师与我最后的通话！”苗院长回忆起三年前的往事，声音更加哽咽。

“费老师就是这样，无论什么时候，他都是把学生、把教学放在第一位。”2000 年退休后，费承铿教授也一直没有放弃教学一线的工作。在积极培养研究生、承担教学任务的同时，他还经常参与社会上的义务辅导。正是这一年，费承铿教授参与制定的教育部《音乐课程标准》开始在徐州市推行，为了检验该文本的准确性，刚退下来的费教授主动申请无偿到徐州青年路小学任教一年。“给孩子们上第一节课的时候，是由我带着费老去的教室。我们的音乐教室在五楼，上楼时费老喘得厉害，所以中途还要歇一歇。我将费老带进教室后，费老平复了好久。在给学生做自我介绍时，费老满面笑容地说‘我姓费，浪费的费’，一句话没说完，就引得学生哄堂大笑。”该实验班原教师、现为徐州市云龙区教育局音乐教研员的白景棣接受采访时，满怀感慨地回忆起费教授给小学生们上课的状态。费教授退休后不仅关心我市中小学的音乐教育，还积极担任各种民间音乐合唱团的艺术指导。大到市里的活动，小到社区老年合唱团，处处可见费老积极奔走的身影。

在学生的眼里，费教授始终拥有着饱满的热情和耐心。知名作曲家丁先红先生是费教授早期的学生也是费教授最得意的学生之一，从学生时代到费教授去世前，一直保持着频繁联系。“费老师一生勤勉，诲人不倦。1980 年毕业后，我被分配至一所农村中学任教。那个时期，我与恩师的通信几乎达到一月两封的频率，其内容都是我写的歌曲、钢琴曲或和声、对位、配器等练习作业。费老师批阅后，总会用更大的信封寄回给我。近四十年了，恩师没有收过我一分钱，还搭上了邮费、时间、精力。每当我表达对他的感激之情时，他总是说：‘这是我应该做的，你要想感激我，就多出作品，多出好作品。’”在得知费教授去世时，丁先红第一时间前来吊唁，表达了对恩师的深切悼念。

音乐学院吴跃华副教授是费老在师大带的第一届学生，直到现在，从信件的影印件到活动视频再到费老个人专著，吴跃华老师的书柜中仍整齐地码放着关于费承铿教授的大量资料。令吴跃华老师记忆尤深的是费教授渊博的学识和精湛的教学技法：“不管多么高深难懂的理论，到他手里都能立刻变得通俗易懂。一个和弦结构他用手指摆几个造型就能让你一目了然；一条旋律他能把那‘豆芽菜’画得跟书上印刷的一样，让你不想学都不行；一组节奏他能把奥尔夫那些体态律动招式玩得变化莫测；他的钢琴即兴伴奏简直是出神入化……费老的课我都会抢着坐在前排，生怕疏漏他的每一句话，每一个表情与手势。”

费承铿先生去世后，身患重病的吴跃华老师率先开展了费承铿教授的学术理论整理和研究，亲自主编了《平民音乐教育家费承铿释传》，多次走访费教授生前的亲友、同事，广泛搜集一手资料，为传记的整理和出版付出了巨大努力。在费教授的学生、94 级校友孙桂松的大力资助下，该书得以顺利出版。

可爱诚恳，人格与学术同样重要

1992 年 8 月 31 日，省教委批准徐州师范学院设立音乐教育专业，时任院长的邱鸣皋先生从南京引进了费承铿教授。“第一次见到费承铿，我就觉得找对人了。当时省教委的同志安排我们在南师大南山宾馆会面。我和费承铿聊得很投机，他直接提出要只身来徐州的请求，当时我就发现这个人很不一般。”邱鸣皋先生一直为他“挖到”费承铿教授而满心欢喜。

当时音乐系声乐教师非常缺乏，费教授积极引进了一批青年教师，不仅这样，他还十分关心青年教师的成长。苗雨教授正是费教授最年轻的同事之一，曾在费教授的安排下到中央音乐学院干部进修班学习。“费老太诚恳了，一般来说专家总是给人敬畏的感觉，但同事们和费老在一起就可以很轻松，不管什么问题，他都会给你详细地讲解，真诚地和你研究探讨。他从不以领导的身份而坚持己见，只要大家认为是对的他都能够接受。”苗院长补充道。

曾任我校音乐学院教师、现为南京晓庄学院音乐学院副院长的板俊荣教授也是当时的一批年轻教师之一：“在师大近十年的时间里，我没有见过费老因个人利益伤害过哪位老师或学生，当与别人有利益冲突的时候总是自己退让。音乐系没有大的乐谱纸他掏钱给大家印，没有谱架他掏钱买，家教学生敬重他，逢年过节给他买东西，他总是拿到系里和大家分享……”

据板俊荣教授回忆，刚开始费承铿教授只是独自来到徐州，妻儿在南京，赶上家中有事时，费教授总是周六下午乘坐拥挤的火车回去，周日晚上再赶回来。更多的时间，费教授更喜欢同这批年轻的同事们共度周末。“最让我难忘的是费老为我们组建的‘光棍俱乐部’。刚开始工作，几位年轻老师都没有成家，费老不回南京时，他总是召集我们这些‘光棍们’到他家去做饭，聚会时他总说自己在徐州也是个‘老光棍儿’，其实他就是找个由头给我们这些吃食堂和校外小摊的年轻老师改善生活罢了。想起那段在‘光棍俱乐部’的时光，总觉得那么单纯，又那么惬意。”

费教授待人诚恳大方，但对待自己却近乎“苛刻”。夏天穿着破了几个洞眼、边线都磨烂了的背心，趿拉着大脚趾都要露出来了的布鞋，还有那沾着几点油污的裤子；冬天戴着一顶旧帽子，穿着一件不知穿了多少年的毛衣，趿着一双单鞋。曾经被费教授辅导过的一位孩子的家长在博客中这样回忆对于他的印象：“费老师是个非常可爱的老人。他给我家孩子辅导，每节课只收取五十元钱，他的这种收费的执念到现在我都难以理解，他可是大师级别的人物啊！有一年冬天，我们实在看不下去他的那双破单鞋，就在路边地摊买了一双很便宜的居家穿的棉鞋，好不容易才让他穿上，而他却像小孩子得到心仪了很久的东西似的，左看右看，走来走去，连夸暖和柔软，说得我们都不好意思。后来听他说竟穿着那地摊鞋参加各种事务活动，早知买一双好一点的送给他。”

关于费承铿教授的性格，音乐学院蒋步仲书记有着独到的理解：“费老为人率真，处处体现人格的光辉。费老生前将自家车库改造成了台球室，他自己购置了一个台球桌供大家娱乐。平时费老从不关门，只要有人去玩，他随时欢迎，费老在家时甚至随叫随到，和邻居们一起打台球。自家的钢琴也是如此，孩子们只要想练，更是随时欢迎。”

勤奋实干，用铁肩担起“大师精神”

谈到费承铿教授的音乐教育理念，留给学术界最为深刻的是其提出的坚持走师范性、民族性、实用性的道路，他提出高师要为“中小学音乐教育服务”的理念，为此还专门主编了《师范性、民族性、实用性——高师音乐系教改之路》的著作，在当时学术界引起了广泛反响。

费先生一生勤奋，这种学术理念的提出和他的成长经历息息相关。10 岁时，父亲费世圻去世，本来显赫的旧式家族在此之后迅速衰落。1951 年他考入新苏师范学校，在遇到启蒙老师吴德贵后，才完全改变了自己的人生轨迹。

“费老当时的处境太艰难了，没人看得起这个没落的富家子弟，是吴德贵给了他人生的希望。”据吴跃华老师介绍，费承铿教授的家庭背景非常优越，人才辈出，著名学者费孝通先生即是其同族叔叔。但费教授从没有向别人提起这些过往，自己的成功完全依靠个人勤奋。由于勤奋，费教授少年时代便迅速获得了恩师吴德贵的赏识，正式走进了音乐的大门。在后来费承铿教授所有专著的简介当中，均提到了恩师吴德贵。

费承铿教授珍重恩情。在新苏师范学校毕业后，他被南京师范学院录取，正式开启了学术研究的生涯，在此期间他勤奋努力，深受学术界泰斗陈洪、甘涛两位教授的赏识。大学刚刚毕业，其作品民乐合奏《镰刀舞歌》就获得了江苏省首届音乐作品评奖二等奖。

1969 年，由于家庭出身原因，费承铿被下放到江都周西公社三星大队参与务农。受此打击的他并未因此而消沉，在坚持音乐研究之余，他参与大量田间劳动，亲身体会了广大农民的苦与乐。这段生活经历对于他的影响更是深远的，也为其后来提出的实用化的音乐教育理念提供了营养的土壤。

20世纪80年代起，勤奋与实干的精神使费承铿教授的学术生涯迎来了宝贵的春天，其后费教授承担了大量音乐教材的编写任务，参与了人民音乐出版社首批教材的编写和出版，更参与了中小学音乐教学大纲的制定。后在著名音乐教育家张肖虎教授的邀请下参与了人民教育出版社中小学音乐教材的编写和出版，并先后担任副主编、主编。直到卸任后，还曾多次在教材编写的背后继续发挥着自己的余热，义务为此作出贡献。

费承铿教授去世至今，整整三年过去了，怀念与伤感的同时，更多的人选择了更有意义的方式去表达对于费承铿教授的追思与缅怀。蒋步仲书记表示："我们纪念费老，就是用行动来告慰先人，同时更大的意义在于学习传承费老的治学和为人的精神。费老是我们音乐学院一笔宝贵的精神财富，至真、至善、至美。"音乐学院在本月即将举办"音乐教育家费承铿先生八十诞辰纪念活动"，《音乐教育家费承铿先生雕像》也将矗立在音乐学院花园广场。系列活动从研究讨论到具体筹备，众多费教授生前的学生通过各种方式表达了对纪念活动的关注。音乐学院校友、中国好声音冠军李琦也通过电话的方式表达了对于费承铿教授的怀念："我听过费老师的钢琴即兴伴奏课程，他教的知识直到现在我都非常受用。"

"大学的本质特征是其孕育出的人文精神。我们要建设高水平、有特色、有品位的综合性教学研究型大学，不能缺少的就是这种精神。

我们纪念费老，就是弘扬属于我们的师德文化，相信费老的精神会激励更多的年轻教师继往开来，奋发图强。”校党委徐放鸣书记在与记者的交谈中，说出了这样一段话，话虽不长，但句句道出了费承铿教授身上的大师光芒和崇高的价值。

发表于《江苏师范大学报》第578期第三版　吴向裕（2016-05-10）

奔跑吧，最强大脑

——记我校参加美国（国际）大学生数学建模竞赛团队的96小时

"我现在终于明白电视上那些参加比赛的人获奖时为何如此激动了，不是因为自己取得了多么辉煌的成绩，而是对自己辛勤付出的肯定。"这是物电学院的巩冬梅同学在获得美国（国际）大学生数学建模竞赛一等奖后的获奖感言。美国大学生数学建模竞赛是唯一的国际性数学建模竞赛，也是世界范围内最具影响力的数学建模竞赛，是现今各类数学建模竞赛的鼻祖，旨在激励与提高学生应用数学方法解决实际问题的能力和英语写作能力。

在今年的比赛中，我校的8支参赛队伍荣获了国际一等奖3项，国际二等奖4项，成功参赛奖1项，取得了重大突破！

倒计时20天：厉兵秣马

1月12日，随着寒假的来临，美赛集中培训正式开始。无论是学生还是教练，没人因为失去休息时间而抱怨，积极备战成了唯一任务。论文写作、数学建模、电脑编程、专项知识讲解、参赛经验……指导老师就像孟郊笔下的慈母，孩子即将远行，行囊还需细细打点，一遍又一遍地梳理参赛需要准备的所有东西。

1月15日，距离正式比赛仅剩13天，参赛选手们进行了第一次模拟训练。教练员们将往年美赛真题作为考核试题，严格按照实战水准对学生进行测验，选拔出优秀的学生。“美赛要用英文完成论文，所以模拟的时候也必须用英文来答题！”这是所有指导老师的基本要求，言辞中尽显对学生的严格要求。数学与统计学院的李杰同学告诉记者：“第一次模拟时，我记得当时老师给了七八个题目，让我们选择自己最擅长的方向，并给出解决方案。我当时选泽的方向是建模，也就是利用数学、物理模型来分析问题，把问题变成相应的数学模型，然后利用一些建模方法解答给出最优方案。”因为第一次模拟训练是选拔性的，李杰表示自己当时还是有些紧张，“不过当时想着做完题目就能回去睡觉，心里还是很开心的！”说完，他自己也忍不住笑了。

休息这件事，在那些天里尤其珍贵，无论是对于老师还是学生。数学与统计学院的李媛同学表示，美赛真题的难度很大，所以常常会被困在一个难题上，需要花一整天的时间思考、讨论，除了吃饭，其余的时间都会待在机房做题。虽然很累，但很值得，因为只有通过一次次的模拟，解题能力才能得到提高。指导老师们也会耐心倾听每一个团队的论文答辩，指出存在的问题，并进行深入指导。敬文书院的周心慧同学在采访时说：“魏老师每次给我们做完培训、答辩结束以后，没有像我们一样去休息，而是认真地根据我们每个人的特点帮我们调整队伍，还会打电话向我们询问意见。”美赛考验的不只是学生，还有身后默默奉献的老师们。人员的筛选、竞赛的指导等大小事务都需要他们亲力亲为，所以参赛同学对于指导老师们都有着难以言表的感激。

美赛，不仅是一场脑力的比拼，更是一次对身心的磨砺。在采访中，巩冬梅同学对于备赛记忆犹新："我们备战期间每天都会熬到很晚，以至于晚上回宿舍都会被锁在外面。下雪的晚上，天气很冷，宿舍也不暖和，我为了取暖在机房待了一晚上。虽然那段日子很艰苦，很多同学选择中途放弃，但我还是坚持了下来。"

1月28日，距离比赛还有一天。28日上午，参赛的同学们还在进行着论文答辩，老师对每个队的论文进行评审并指出不足，并叮嘱同学们要好好休息，以轻松的心态迎接比赛。敬文书院的陈旭涛同学回忆那段时光时说："28日下午回到宿舍，我们又顺带着看了一遍前几年的真题和常用的建模方法。"对于第二天的比赛，他表示，虽然会紧张焦虑，但同时也有期待和兴奋，经过一个寒假的持续训练和以往的比赛经验，他相信自己的实力。在这半天的休息时间里，指导老师们也没闲着，都细心准备着第二天比赛的相关事宜，为参赛同学做着赛前的最后准备。他们事先大致了解了今年比赛的题型走向，为参赛同学提供选题意见，因为赛题是全英文的，老师们还为大家找好了翻译赛题的网站，一切都是为了同学们能在有限的比赛时间内做出尽可能多的内容。

96小时：争分夺秒

1月29日上午9点，美赛题目全球公布，比赛的号角吹响了。也许那个时候，很多同学还躲在被窝里呼呼大睡，而8支参赛队伍早已开启了紧张的比赛模式。一个团队，三个人，四天四夜，需完成1道大题共5～6小题的数学建模、编程，最后以论文的形式呈现结果。

回想起四天四夜、争分夺秒的比赛，同学们仍然感触颇多。记者了解到，这次美赛题目比往年都难，一共就四天时间，在比赛的前两天，所有队都卡在了第一题上，也无法进行下面的赛题。大家都很焦躁，也难免有些小情绪，讨论问题时都会弥漫着轻微的火药味。按照比赛规则，比赛过程中教练员是不能对学生进行指导的，指导老师们看在眼里急在心头，他们让同学不要急躁，放平心态，静下心来好好想想，一定会有灵感的迸发。第三天晚上，有的团队甚至决定推翻原来的做题思路，重新思考，此时距离比赛截止时间仅剩一天两夜。最后一天晚上，团队的小伙伴都没有睡觉，连夜完成了赛题。每个团队的选手都咬紧牙关，一刻也不放松。李媛同学回忆道，为了节省比赛时间，连续几个中午大家都站在机房外面吃泡面，第三天直接睡在了机房，第四天索性没睡，连夜改论文直到天亮。

为了让同学们在比赛期间发挥出最好的水平，所有指导老师都积极为学生创造良好的比赛条件。从参赛同学那里，记者了解到关于刘江老师的一件小事：比赛期间，由于中午食堂吃饭的人很多，刘老师总会提前15分钟去食堂帮参赛同学排队。“正式比赛时老师们还搬来了很多食物，帮我们订好晚饭”，周心慧同学对此感触颇深。关于此事，刘江老师只是笑笑，腼腆地回应道：“同学们的参赛时间非常宝贵，我只希望大家的每一分每一秒都用在刀刃上。在食堂要排很长时间的队，这样会耽误比赛时间。参赛同学是为了师大的荣誉而战，对于我来说，就要提供最好的条件来保障学生顺利完成这次比赛，其他的也没有多想。作为教练员，做这些也是理所当然的，学校的荣誉比一切都重要！”最后一天晚上，参赛同学心中都压着一块石头，指导老师手心也是一把汗，他们与学生们一起熬夜。教练组魏永生老师说："我着急的是他们能不能按时交卷，所以不断催他们交卷，希望他们能把做出来的东西百分之百体现在论文中。"

2月2日上午9点整，美赛结束了，所有团队都按时提交了比赛论文。96个小时的战斗让大家十分辛苦，但也同样带来了好的结果。正如魏永生老师所说，参加比赛过程中所收获的东西远比竞赛获奖本身更有价值。

师者：大将风范，慈母之心

"美赛结束，感到身心疲惫，安静地躺在床上睡觉反而有点不适应了。大家能够坚持半个月非常不容易，为你们的执着点赞！相信每个人，也包括我自己，都经历了一次'痛苦'的提升。"比赛结束后，教练组贾志刚老师给参赛的同学们发了这样一条信息。

在备战美赛的日子里，教练组老师紧张忙碌的身影同样是一道最美的风景。他们用行动展现了两种不同的姿态——指挥官和母亲。战前准备时细心指导、严格要求、精准指挥，彰显大将风范。同时，他们又像母亲一样关心同学们的生活和成长，可谓慈母之心。两种姿态转换之间，都是爱的彰显。

在此次美赛中，魏永生老师带领的三支参赛队伍取得优异的成绩（一等奖2项，二等奖1项）。魏老师表示，他很高兴有那么多同学喜爱数学并能参加数学建模比赛，对于学生来说这是大学生涯中的一次高峰体验，同学们能在比赛中获奖、提高实践动手能力，甚至通过数学建模改变未来的人生，是他最大的愿望。但是魏老师认为，想要获得特等奖，要求会更高，需要同学们付出更多，也需要团队配合更加默契，这不仅仅是一种能力的体现，更要能吃透出题者的意图。现在学生们的基础相对薄弱，专业水平还有待提升，如果在赛前进行系统培训，再加上不懈的努力，拿特等奖还是有希望的。魏老师的话语中透露出无尽的期待。

谈到美赛成绩，孙世良老师露出了欣慰的笑容，他说，今年是学校第二次参加美赛，同去年相比，成绩大有进步，无论是在奖项获得还是在竞赛能力上，都有了很大提升。

从集中训练到美赛结束，这样一群可爱可敬的教练员们一直陪伴在学生左右。他们给予学生的不仅仅是专业上的指导，更为重要的是让同学们明白了：人不仅要经得起繁华，更要能耐得住寂寞。在学生的眼里，老师们不只是教练，同样也是陪伴他们一同奋斗、并肩作战的好战友。

2016 美赛已完美落幕，但是挑战的步伐从未停止。我们期待在下一届的赛场上有更多师大学子的身影，也期待他们取得更好的成绩！

发表于《江苏师范大学报》第 581 期第三版　卢黎黎 孔令倩
(2016-06-15)

清真食堂:
回族大妈马法土麦和她的家庭梦

六年前,回族大妈马法土麦一家人从甘肃临夏来到江苏徐州,在江苏师大开始了一家九口人的逐梦生活。马法土麦大妈没有接受过正规教育,她甚至连自己的名字都难以认得出,但从六年前的白手起家到现在的生活宽裕,她带领全家人过上了幸福美满的生活。马法土麦大妈的追梦历程阐释出了一个实在的道理:无论身处何种岗位,都可以通过努力实现自己的梦想。日前,校报记者跟随着一年一度“古尔邦节”的脚步再次走进清真食堂,走近这位被师大学子亲切称为“大妈”的回族女性。

另一个“家园”,一样的温暖

刚刚过去的9月12日是我国穆斯林一年一度最为盛大的节日——古尔邦节。和历年的古尔邦节相比,今年的古尔邦节和中秋节只差两天,双重的节日气氛使开学不久的师大校园更加热闹。节日当天中午记者走进清真食堂时,马法土麦大妈正在为穆斯林学子的古尔邦节聚会用餐悉心准备着。

切牛羊肉,配佐料,装盘,准备主食……马法土麦大妈手法利落,边摆盘子边与几个前来准备吃饭的学生聊天。一墙之隔的大厅内,已经有不少穆斯林的学生在那里互致问候、布置桌椅。当看到特别是汉族的学生驻足观望时，马法土麦大妈总是不忍看到学生遗憾地走出门外。“今天我们清真食堂没有午饭的，这些是为他们聚会准备的。想在这吃饭的话也没关系，我让后面给你们单独做点。”马法土麦大妈的普通话说得并不是很好，但语速缓慢，句句清晰，打算前来就餐的学生体会到的是马法土麦大妈的热情关切。每天的任务一成不变，马法土麦不知不觉在师大走过了六年。

在马法土麦大妈的眼里，前来就餐的学生就如同她的孩子，对于很多第一次去清真食堂的学生来说，马法土麦大妈真像是一位和蔼的母亲。现就读于智慧教育学院的新疆阿克苏维吾尔族小伙艾萨·莫列克至今仍对马法土麦大妈心怀感激。“马法土麦大妈让我感受到了家的温暖。第一次到清真食堂，因不知道该点什么吃犹豫了好久，马法土麦大妈热情地给我们推荐美食。当我们坐下后，大妈主动给我们端来了一碗拉面汤并和我聊天。”初来乍到的艾萨，被马法土麦大妈的热情招待所感动。马法土麦大妈愿意为艾萨和他的同学做出更为可口的饭菜，并期待艾萨为清真食堂提提意见。“做生意的人，别的地方都是纯粹为了赚钱，但马法土麦大妈一家人为我们的口味和营养着想，她像自己家中的妈妈一样，就觉得这个地方挺温暖的。”马法土麦大妈一家人给了艾萨熟悉的家庭温暖，艾萨因此也比别人在学校里更为积极一些。今年的古尔邦节前夕，艾萨主动承担了古尔邦节的策划任务，忙前忙后，多次向马法土麦大妈家人借用三轮车、摩托车运输物资，都得到了马法土麦大妈家人的全力支持。最终在我校学生处的资金支持下，来自回族、维吾尔族、哈萨克族、汉族等共计 120 名师生共庆古尔邦节,马法土麦大妈看在眼里,乐在心里。

“你们从远方到这边来,吃不惯尽管跟我们说。”马法土麦大妈这句常挂在嘴边的话,让很多穆斯林学生在清真食堂找到了最为熟悉的温暖。

如今的清真食堂,越来越多的是汉族师生的面孔。不仅仅是穆斯林学生,美味的饭菜同样受到汉族学生的青睐。“看着越来越多孩子们来我们清真食堂吃饭,包括汉族的孩子,我很开心的,至少说明我们的饭菜是合胃口的。”马法土麦大妈不禁对越来越好的生意充满了信心。特别是看到少数民族同学和汉族同学一起吃着可口的饭菜的时候,马法土麦大妈内心的幸福感更是油然而生。

家庭梦,靠的是家训家风

六年前,马法土麦大妈一家人还在甘肃省临夏回族自治州乡下务农,一个典型的农业兼畜牧业家庭,靠着微薄的收入很难让当时的六口之家过上宽裕富足的生活。一个偶然的机会,马法土麦大妈经人介绍决定来到徐州打拼。来到徐州后马法土麦大妈被我校的政策所吸引,在我校租金全免的待遇下她决定在师大落地生根。六年来虽然也一度面临过生意的冷清,但在我校的大力扶持下她还是坚持了下来,2014 年年底,考虑到位于体育馆旁的老清真食堂的房屋存在建筑老化、漏雨等问题,校领导专门研究清真食堂另址搬迁的事宜。最终将位于五食堂二楼的食堂单独划给马法土麦大妈继续经营,从始至终,学校没有收取大妈家人一分钱。回想这些时,马法土麦大妈感激不已。

马法土麦大妈有两个儿子，如今两个儿子早已结婚，儿子儿媳也跟随马法土麦大妈来到徐州开始了全新的生活。在徐州稳定后，马法土麦大妈的老伴也随即来到徐州给家人帮忙，平时带孙子并接送孙子上学。简简单单的生活，在马法土麦大妈的眼里就是最大的福气。

令科文学院的汉族学生刘阳记忆犹新的一次经历是他帮大妈找回了孙子。大妈有两个孙子比较顽皮，经常在校园中嬉戏玩耍不见身影。“有一次我晚上去清真食堂吃饭，路过一个黑暗的角落时恰巧遇到了大妈的两个孙子，大晚上的，我就把小孩子顺便带回了清真食堂。”一个随意的举动，让马法土麦大妈家人感激不尽。马法土麦大妈好像特别喜欢和别人谈到自己的三个孙子，一天的劳累，仿佛在她抱起孙子们的那一刻全部消失了，她的梦想，早已灌注到了孙子们的未来中。

在对马法土麦大妈的采访中，她特别喜欢提到一句话“老老实实做事，一步一个脚印。”马法土麦大妈说这句话时用了非常着重的语气。她说，实实在在就是对学生们实在一些，饭菜好一点，量足一点，这就是实在。几十年来，她常用这句话来教育自己的孩子，如今孩子们都健健康康地长大。而“老老实实做事，一步一个脚印”这句话，也逐渐成为马法土麦大妈一家人长久以来共同遵守的家训。

受马法土麦大妈的影响，儿子小马待人处事充满了热情与善良。学生吃饭忘记带钱他从不在意，学生有了困难他主动提供帮助，甚至遇到放假因没钱无法购买火车票回家的维吾尔族学生，他更是慷慨解囊。这些善良的品质，正是受到了马法土麦大妈的影响。

而对于马法土麦大妈来说，她们一家人现在还有一个共同的梦想。她期望三个孙子以后能顺利考上大学,能成为他们老马家走出去的第一辈大学生。

“娃娃们以后能考上咱们师大就太好了!我没上过大学,最大的梦想就是孙子们可以考上大学。”马法土麦大妈说。

未来,“一步一个脚印”的马法土麦大妈一家人还会有更多的梦想去追寻。一碗拉面,一碟小菜,一份热气腾腾的米饭,马法土麦大妈对师大学子的关怀早已经揉进面中,润入米中……

发表于《江苏师范大学报》第584期第三版 吴向裕(2016-09-15)

以生命影响生命

——跟第四党支部学党建

编者按:这是一个建立仅10年,党员平均年龄只有38岁的年轻党支部;这是一个坚守三尺讲台,培育出“全国先进班集体”的教师群体;这是一个服务在社会治理创新前沿,在社会服务领域荣获多项国家大奖的先进团队。它就是江苏师范大学哲学与公共管理学院教工第四党支部,集“徐州市先进基层党组织”、江苏师范大学“明星党支部”等荣誉于一身,在支部建设、青年党员教师培养和服务社会方面取得了令人瞩目的成绩。基层党支部建设一直被称为是高校党建的“最后一公里”,下面请跟随校园记者一起走进第四党支部,看看这个“明星党支部”的建设秘籍。

在江苏师范大学哲学与公共管理学院有这样一个党支部,它由社会学系的六名青年党员教师组成,更为大家所熟知的名字是第四党支部。第四党支部很年轻且充满活力,它很平凡却成果突出,成员们担负着全校的社会学专业的教学和科研任务,他们将“以生命影响生命”的社会工作理念内化于心、外化于行,融入到支部建设中。

支部建在团队上

第四党支部以青年党员教师为主,大家都比较年轻,思维活跃、创新力强、工作热情高，给支部带来源源不断的活力。但是年轻的支部成员也给第四党支部的建设提出了难题，青年教师的教学压力和科研压力更大，这就需要有效调动他们参加支部活动的积极性。针对支部成员的这些特点，第四党支部想到了一个好办法：将支部建在团队上，那就是把支部和社会学系的教学、科研团队相结合，使支部活动和团队活动相统一，用支部建设促进教学、科研团队的发展。第四党支部书记董明伟老师说："这样的建设模式也与我们社会学系的学科特点有关，我们每次支部的集体学习同时也像学科团队的头脑风暴，这门学科要求我们必须紧跟时代。"

"在开展支部活动时，我们会注意尽量做到与党员们的教学、科研相匹。"董明伟在谈及如何达到双赢局面时说道，"我们把支部和团队结合起来，不仅要适应党员特点，更要通过党的建设来促进党员的自身发展，这样才能将党员进步与支部发展更好地融合在一起。"

除此之外，青年党员教师的家庭生活压力也特别大。张丽娜老师的丈夫在外地工作，几年来，一直是她一个人照料年幼的孩子，还得忙工作；王开庆、张俊明老师也不是徐州人，父母年纪大了而且身体不好，他们在买房、照顾老人和孩子方面面临不小的压力。但是大家都全身心地投入到教学、科研和社会服务上，没有人叫苦抱怨。原因之一就在于有一个亲如一家的党支部、一个温馨的党员之家，在这里，支部成员们的心都紧紧挨在一起，不论是教学科研还是平时生活中，大家始终互帮互助。如何与青年党员教师相处在董明伟老师看来并不难，"以心交心，换位思考"八字足以用来形容他们的"团队战友"关系，这也正是社会学专业"以生命影响生命"理念的体现。在支部与团队相结合的过程中,支部把青年党员教师的教学科研提升到一个平台,同时也在生活上提供帮助,真正做到了把支部建设成温馨党员之家。

做同学喜爱的好老师

在董明伟老师看来,评价一个好老师的标准不仅要看是否做到传道、授业、解惑,也要看老师能否和同学们打成一片,融洽相处。做同学喜爱的好老师,一直也是第四党支部的老师们的努力方向,事实证明,他们的确做到了。

称呼是人与人关系的重要体现,社会学系的同学们在课下见到自己的老师时,都会这样称呼:“娜姐”(张丽娜)、“庆哥”(王开庆)、“明哥”(张俊明)……对同学们而言,他们更像是自己的大哥哥和大姐姐,是有困难可以求助、有烦恼可以倾诉、有快乐可以分享的朋友和贴心人。

比如张丽娜老师,她连续多年主动要求担任班主任,将她的大部分业余时间都用于陪伴学生成长上,思想上用心引领、学业上耐心帮助、生活上细心照顾,即使是对已经毕业的同学,她也是满满的牵挂。张老师曾经带过一位特殊的同学,他由于家庭原因出现严重心理问题,经专家诊断为精神分裂早期,建议退学。考虑到退学会影响这位同学的一生,张老师建议他休学回家治疗,待康复后继续完成学业。后来这位同学回家治好了病,复学后,在张老师无微不至的关心下,最终顺利完成学业。

还有许多这样的老师,在董明伟老师带记者去他办公室的时候,我们在16号楼的一楼大厅遇到了史秋霞老师，她正站着和一位社会工作专业的大四同学交谈，原来是帮助同学解答关于就业和考研的困惑。等我们采访结束下到一楼的时候，史老师还站在那里和同学讲话，我们就问她为啥不带学生去办公室聊，她说正好在楼下遇到了，去办公室聊的话学生会很拘束，站着更轻松些。正因如此，刚下课的她站着陪同学聊了一个小时，这个细节令我们十分难忘。

采访中，董明伟老师坦言，做一个同学喜欢的好老师并不难，要说难，难在和同学们交心和换位思考，这也是第四党支部全体青年党员教师“用生命影响生命”理念的彰显，许多社会学系专业的毕业生在毕业后也走上三尺讲台，继续将这种理念一以贯之。

当服务社会的排头兵

建设高水平大学，不仅在于人才培养和科学研究，还在于服务社会的职能。第四党支部的成员们都是社会学领域的专业研究者，因此，根据专业定位和特点，大家瞄准社会治理创新的热点需求，在引领和推动参加社会服务的过程中，创造性地开启了“三融式”服务型党组织建设，成为我校服务社会的排头兵，打出了我校积极服务社会的一张名片。

所谓“三融式”服务型党组织建设，就是坚持组织融合、队伍融合、载体融合。董明伟老师解释说，社会学专业有自身的学科特点，那就是无论是教学还是科研都需要紧密结合时代和关注社会，因此必须在服务社会中确立专业的立足点和体现专业价值，也就是通过“三个融合”把教学、科研和社会服务统一起来，把支部建设和服务社会建设结合起来。

截至2015年底，社会学系先后与20余地的政府部门达成合作协议，在社会决策咨询、社会创新发展规划、社会组织孵化培育、社会工作人才培训、社会服务项目运营管理、特殊社会工作服务等方面提供专业化咨询服务。在王开庆、张俊明等老师的带领下，第四党支部成员始终奔走忙碌在服务社会的第一线，年行程达8万余千米，每年提交政策咨询报告近30万字，提供专业咨询服务的社会组织近500家，培训社会工作人才近2000人，直接服务特殊困难群体近5000人，间接服务特殊群体近50万人次。一些社会创新项目受到了中央电视台、《光明日报》《中国社会报》等媒体的持续关注，"江苏师大社工"已经成为响当当的品牌，有效提升了师大的社会知名度和美誉度。

特别是在服务社会特殊群体方面，第四党支部成员带领同学们先后开展了未成年人犯罪的社会介入、多元社会救助实验、关心关爱流动儿童等项目。这些项目不仅需要严谨的科学精神和认真的工作态度，还需要参与者的奉献精神和爱心，这也是一个"以生命影响生命"的过程。有一个孩子令董明伟老师影响深刻，他是无锡锡山区的一名孤儿，也是董老师负责的帮扶计划中七十几个孤儿中的一个。在接受志愿者两年多的悉心照顾和用心帮助后，他决定用自己的力量去回报社会，帮助更多的人。于是他自己组建了乐友义工团队，服务了很多人，在2013年，他被中国儿童少年基金会评选为"学习雷锋好少年"。这令董老师十分欣喜，服务社会的工作终于开花结果，真正为社会的进步贡献了一份力量。

这就是第四党支部，与许多党支部一样，它平凡、简单，但是却做出了不平凡、不简单的成绩。“以生命影响生命”这个理念始终贯穿于支部建设过程中，使第四党支部真正成为温馨的党员之家，这就是它的建设秘籍。

发表于《江苏师范大学报》第589期第三版　李坤　黄语蝶(2016-11-25)

廉少纯：热爱运动　初心不老

对于很多年轻人而言，提到老年人体育运动，他们往往第一时间想到的是“广场舞”这个词。其实老年人的体育生活是相当丰富多彩的，他们甚至比年轻人更热爱体育运动。在我们师大，有这样一个协会，它的成员都是我校离退休老教师，它以带领大家参与体育运动、享受健康生活为宗旨，彰显了师大老同志们的精气神儿，这就是江苏师范大学老年人体育协会(简称老年体协)。近日，校园记者专程来到协会主席廉少纯老师家中，听他讲述协会的发展历程，分享他与运动的故事。

当记者走进廉少纯老师家时，他正在客厅打电话，黑色的毛衣内搭一件衬衫，一头黑发夹杂少许白发，整齐地梳着，再听着洪亮的声音，谁能想到他今年已经77岁了？精神矍铄，是廉老师留给我们的第一印象。他热情招呼我们落座，还特地准备了水果，在午后温暖的阳光中，我们开始了采访。

退休不是休息

自2000年1月从师大退休之后，廉少纯老师先后担任江苏师范大学退休党总支书记、江苏师范大学后勤总公司督导组组长，现为江苏师范大学老年人体育协会主席、徐州高校老年体协副主席兼秘书长、江苏师范大学关工委校园环境督察组组长。77 岁，本是该安享晚年的年纪，廉老师每天却仍然忙碌活跃，没有丝毫怨言。他的爱人吴老师经常这么说他："你比退休前还忙。"这应该就是对廉老师退休生活的最好描述。

而在廉老师的众多工作中，做好师大老年体协的工作无疑是最为重要的部分。江苏师范大学老年人体育协会成立于 2010 年 9 月，现有门球协会、钓鱼协会、乒乓球协会、舞蹈协会和棋牌协会五个下属的项目协会，经过六年多的发展，已成为徐州市乃至江苏省比较知名的优秀老年社团。师大老年体协也成为展示我校离退休老教师良好风貌和精神状态的重要窗口。

而这些荣誉的得来也并不是那么容易。就拿门球队来说，成立之初，队里没有训练场地，经常要去别的地方借场地。为了让门球队能有很好的训练，廉老师多方奔走争取，终于得到了学校的支持，去年建设门球场的资金和场地这才有了着落。与其他地方将门球场的建设包给工程队的方式不同，为了确保质量，师大的门球场在修建过程中，从"地坪""遮阳棚"到"人造草坪"等每一个环节的设计、公开招标、施工等全过程，他们都积极参与，在那时，大家对于门球场的建设了解甚少，为了保证球场的质量，他们主动提出了详详细细的文字与图案资料。在"人造草坪"的铺设过程中发生了这样一件事：铺设前先要测画场地，当时厂家只有一个人过来，于是廉老师带领门球队的五六个球员帮忙，这群六七十岁的老人帮着那位工人将两片门球场的四条边及内场的三个球门、一个中柱的位置准确测画好，又把四米宽、二十米长的人造草皮一卷一卷地搬进场内，足足忙了一个下午。

校离退休处副处长杨际军说道："泉山校区的门球场就像是门球队队员的孩子一样，被大家精心呵护。"在门球场修建期间，体协每天都会有一到两个人到现场察看，及时发现施工过程中不合理的地方，并当场提出改进意见。在门球场建成后，廉老师带领他们制定了球场管理章程，球队的办公室每天都有球员值班，负责球场的卫生整洁。除了日常打扫，门球队还要定期对门球场地进行护理，比如定时为球场洒水，定期为草坪注沙，每一次注沙都需要七八麻袋，一袋百十斤重，都是这些退休的老同志从场外抬进场内，撒开、扫匀，再用大刷把像梳头一样地把草皮梳一两遍。

认真负责、一丝不苟，这是廉老师给我们的第二个印象。

运动是一辈子的事

爱运动，是廉老师身上最鲜明的特点，从初中到退休，无论是短跑还是篮球、乒乓球还是门球，他都充满兴趣。运动早已成为他生活中的重要组成部分。

廉老师向记者回忆道，1958 年，他来到师大读书，当年就参加了校运动会，还拿了短跑 100 米的第一名，之后他还担任过校田径队队长。曾多次代表学校参加市里的运动会，取得了不错的成绩。工作后，他开始参加教工组的比赛，在 50 岁那年的运动会上，100 米还跑出了 13 秒 8 的好成绩。用廉老师自己的话说，就是"从学生组跑到了教工组，又从教工组跑到了老年组。"

在廉老师 51 岁那年，他被查出患有Ⅱ型糖尿病，他不得不停止了奔跑,随后他又爱上了打乒乓球,杨处长和廉老师就是通过打乒乓球而结成忘年之交。随着年龄的增大,廉老师也渐渐不参加乒乓球这种剧烈活动了。但是,运动必须继续,于是他又组织成立了门球队,开始打门球,在自我娱乐的同时还为学校赢得了不少荣誉。以球会友,是他最喜欢的一种社交方式。四年前,校老年体协成立了交谊舞学习班,廉老师还带着老伴吴老师去跳老年交谊舞。

廉老师认为,只有坚持运动才能保持健康,他虽然患有糖尿病,因冠心病还在心脏里放了五个支架,但看起来一点都不像是77岁的糖尿病患者。廉老师称运动治疗是治疗糖尿病的五驾马车之一,积极参与体育锻炼对他的病也有好处。即使是在不适合外出锻炼的天气,他也会爬楼梯运动,他解释道:"因为一闲下来心里就难受,还是运动充实。"除了强健身体,运动还给廉老师带来了平和的内心和乐观的生活态度。

"运动是一辈子的事情,从年轻开始就要重视运动。"廉老师说,"年轻人应该要有一两项喜爱的文体活动,而且还要坚持下来,等到了老年,就能够体会到锻炼健身的好处了。"

老有所为,乐在其中

杨处长在采访中提到一件让他很感动的事。今年年初,廉老师曾意外摔倒,肋骨有轻微断裂,当杨处长前往医院看望廉老师时,廉老师还在打电话与人商量老年体协的相关事宜。用杨老师的话说就是:"廉老师是一个有崇高责任感的人,他对待体育事业很是热心。"

其实不光是体育事业,廉老师在担任后勤集团督导组组长和关工委校园环境督察组组长时也会对后勤和关工委提出问题和一些切实可行的意见。比如说在食堂方面，廉老师就曾带着自己的组员去泉山校区的每一个食堂试吃，并找来自不同地区的同学座谈，调研各食堂的饭菜情况，并写成报告提交给后勤集团。

据杨处长介绍，廉老师做这些工作全是义务的，尽管他已经退休，但他仍然在岗位上为学校的建设发光发热。

2013 年 4 月，徐州高校老年体协成立，共 11 所高校参加。为了搞好工作，廉老师随徐州市老年体协的领导专程去南京学习，并将自己的学习笔记整理成文分享到工作群里。他草拟了体协的章程。两个协会每年的工作计划及总结也是他提出初稿供全体理事讨论。在校老年体协举办一年一度的趣味运动会中，他也是积极参与，以此来带动更多的离退休老教师加入体育锻炼的队伍中来。他还利用自己在高校中的资源为老年体协聘请教练，当聘请的教练间发生了矛盾，他也会去积极协调，尽量化解矛盾。在廉老师的平板电脑中，记者看到了满满的文档，而这些文档则是廉老师为工作撰写的各种报告，以及为活动写的一些新闻报道。今年在市老年体协网站上发表的 43 篇文章有 90％都是由他撰写的。他还分别为《三十而立·江苏省老年人体育协会成立 30 周年征文集》和《江苏省老年人体育节创办 10 周年研讨会论文集》撰写了两篇文章。记者在翻看这两部文集时发现其中收录的来自高校老年体协的文章并不多，而江苏师大老年体协赫然在列。

其实廉老师之前并不熟悉电脑操作，为了更好地处理工作上的事务，他特地学习电脑知识，现在已经掌握了办公软件的基本操作，此外,他还参加了继续教育学院专为老年人开设的智能手机班。现在廉老师不光会使用电脑和QQ、微信等软件,还学会了在淘宝上为门球队员买队服和球鞋。廉老师颇为骄傲地告诉我们,为了防止买的衣服大小不合适,他一般都会让淘宝卖家先发几件不同规格的衣服过来,让队员试穿,确定每个人的码数,再批量购买。

这就是廉老师特别的退休生活,忙碌而充实,"老有所为"是他理想的状态,他自己乐在其中。

采访结束的时候,我们请廉老师为师大老年体协未来的发展定个"小目标"。他笑着说:"这是我在老年体协的第二个任期了,我希望可以将现有活动做大的同时,进一步扩大参与面,提高我们学校离退休老教师参与体育锻炼的热情,让大家共享健康的身体和快乐的生活。"这就是廉老师,一位风趣可爱的老人,热爱运动,初心不老。

发表于《江苏师范大学报》第591期第三版 李彩云 李坤 赵月(2016-12-20)

师大"筑巢人"

——记我校后勤管理处副处长、人才公寓(玉泉雅筑)建设项目部主任顾春明

在外人看来,这五年间顾春明好像一直在做一件事:闷着头在离江苏师大不远的铜山区北京路旁盖房子。

五十多岁的人,对于常人来说早已经到了事业上的收锋期,但是顾春明却凭借着一股子钻劲儿,硬是啃下了人才公寓建设项目(玉泉雅筑)这块"硬骨头",甘于寂寞地与冰冷的钢筋混凝土为伍,以热情搅拌,用责任浇筑。

身为项目建房办主任、学校中层干部,一双沾满泥渍的劳保鞋,一顶安全帽,一副成本不到一元钱的劳保手套,是顾春明常年的标配,只有熟悉的声音才是区别他和普通工人的唯一标志。有时间顾春明也会和工人一起聊聊家常,他常常开玩笑:"要我说,这里整个小区都是我的办公室。"

就在这种凝心聚力下,顾春明和他的团队攻克了人才公寓项目建设中的一组又一组难题,用了足足五年的时间交了一份令人满意的答卷。

五年工程,两年用在了前期准备

2012 年夏天,正在南京为我校大学科技园项目做预算的顾春明突

然接到校长的电话。接到电话后，顾春明立即从南京赶回徐州，随即参加了我校人才公寓建设领导小组成立大会。顾春明这一回来，便结下了与该项目的深切情缘。

"当时校领导基于教职工们的诉求，决定为教职工量身打造一批高质量的商品住房。学校安排我来负责方案的规划和建设，没有犹豫，我们就开始了人才公寓项目的前期准备工作。"

但是问题来了。当时我校大学科技园的建设正在聚力攻坚阶段，学校缺少参与人才公寓建设项目的技术人员，只好紧急抽调基建处与后勤管理处的部分人员协助顾春明开展建设任务，要人没有人，顾春明和同事们只好自己想办法。"那段时间真是为这个项目担心，以至于我动用了一切可以动用的力量。"

项目怎么搞？搞成什么标准？怎么布局？小区建成什么风格？规划之初，这些俨然成了摆在顾春明面前最棘手的问题。"方案做不好直接影响到后期施工，因此在起草时我们慎之又慎。"规划前期，白天起草方案，晚上整理，反复对比图纸，写第二天开会的材料……顾春明基本上每天都忙到很晚，有时从项目部出来都已经到了深夜。

为了提升方案的可行性和科学性，顾春明多次邀请第三方开展项目的可行性研究，专门组织相关领域专家对项目方案的科学性进行讨论。

从2012年起草到2013年10月施工图纸的确定，仅项目前期准备就用了将近两年时间。在顾春明的印象中，这期间他似乎很少有非常规律化的作息，"日子一久，身体很难坚持得住。"但是每次来到项目部，他总能以最佳的状态投入到工作中。从一片荒凉到万丈高楼平地起，顾春明的脑海中始终描绘着人才公寓项目成熟的宏伟蓝图。

亲力亲为，以仁化人

在同事们的眼里，顾春明是个极为认真细致的人，这也是同事对其的一致评价。在项目部一楼楼梯口有一台指纹考勤机十分显眼，这正是顾春明牵头设置的，为了带头遵守考勤制度，每天早上顾春明都和普通人员一样，来到考勤机面前输入指纹，每天下班时再重复录入，这台机子见证着顾春明的寒来暑往。

2013 年底项目开工以来，作为项目的具体负责人，顾春明几乎每天都绞尽脑汁地在项目建设、人员管理等方面做足功夫。每天八点钟准时到岗后，顾春明都会参加晨会；每周五定期的周会，顾春明更是从不缺席，及时总结，及时调整，及时回顾。为了增加团队的协作效率，理顺协作关系，项目建设之初，顾春明还亲自起草人才公寓项目管理手册，四次易稿，使规范手册在整个项目部全面推行。

虽然开工后遇到的事情多了，事情杂了，但顾春明处理这些事情时越来越镇定，关键细节处他总会前往施工现场了解情况。项目开展至今，顾春明没少受伤。2015 年顾春明在前往施工现场检查钢筋的过程中，不慎被钢筋刮伤了腿部，鲜血直流，直到现在左小腿部还留着一道深深的疤痕。但顾春明总开玩笑地说这就是“不认真”，是属于他的“一记教训”。

以建筑承载责任与情感

不间断的高强度工作，导致顾春明经常性失眠。2016 年年初，顾春明突然发现自己的头发竟然大片大片地脱落，经过诊治后医生告诉他这是斑秃。医生建议顾春明增加休息量，可只在家中休息不到三天，顾春明便再也坐不住了，不顾妻子的反对就早早回到了项目部。

“我一整天都不回家，每晚回到家都到深夜，她一开始对我很有意见，到后来她也逐渐理解了我。”陪妻子的时间少了，顾春明非常内疚。为了缓解顾春明的斑秃症状，妻子每天早上都会给他磨一大杯黑芝麻糊，只有看到他喝完后才放他出门上班，顾春明喝在嘴里，感动在心中。

一次汇报工作过程中，华桂宏校长无意间发现了顾春明斑秃的症状，顾春明还没来得及解释，华桂宏校长就悄悄告诉了他治疗斑秃的秘方。华桂宏校长安慰顾春明：“老顾你这情况不用太担心，主要是压力太大，你得注意作息。”

有时顾春明也深深感觉到了年龄带给他的无奈。按照顾春明自己的话讲，即使现在还可以用饱满的热情投入到工作当中去，但是这热情真比不上从前。因此在人才公寓项目的建设过程中，顾春明也有意识地培养后备力量。

尤元宝是顾春明团队中最年轻的成员，2012 年到我校基建工程处工作不久就跟随顾春明一起做这个项目，顾春明手把手地教给尤元宝相关技能和经验。毕业、工作、结婚、生子……尤元宝人生中的几个重大阶段似乎都发生在这五年间，在尤元宝的心目中，顾春明不仅是同事、朋友，更是自己的恩师。作为同事，尤元宝的孩子刚出生不到一年，顾春明经常建议他周末多在家陪陪妻子和孩子；作为恩师，顾春明经常鼓励他参加本行业内的各种执业注册考试以提升自身业务水平；

作为朋友,在一起用餐时顾春明总在不经意间就把最好的一块菜夹到了尤元宝的面前。

顾春明有个在北京读研的儿子,有时在办公室空闲时他也会翻开微信浏览儿子的动态。顾春明很少跟儿子互动,但每次看到儿子的照片时,总会流露出最愉悦的微笑。建筑在顾春明的眼里早已经融入了各种感情,它早已经不是简简单单的“盖房子”,而是顾春明情感承载的另外一种表达。

36 万平方米的建筑面积,顾春明工作以来经手的建设项目加起来也没有达到这个项目的数量。面对这样一个大工程,顾春明的精打细算让施工方觉得他是一个很“抠”的人。对此,顾春明说:“这是学校的一项民生工程,既要保质保量,又要精打细算,一平方多花一块钱,整个项目就要多支出 30 多万元! 容不得半点马虎。”

离交房的日期越来越近,人才公寓项目即将完成五年的“长跑”,正在以崭新的面貌履行它应尽的使命。对于这个项目,留给顾春明更多的是欣慰与怀念。顾春明工科出身,但他常常能想起他最喜欢的一首诗词,那是杜甫的《茅屋为秋风所破歌》,诗中这样写道:“安得广厦千万间,大庇天下寒士俱欢颜,风雨不动安如山。”

发表于《江苏师范大学报》第 598 期第三版 吴向裕(2017-05-20)

但行好事　莫问前程

——全国道德模范周长芝的公益故事

2017 年 11 月 17 日，人民大会堂金色大厅暖意融融、掌声热烈，习近平总书记亲切会见来京参加全国精神文明建设表彰大会的 600 多名代表。在人群中，来自江苏徐州的全国道德模范周长芝格外激动，不仅是因为时隔一年再次见到总书记，还因为这次她所在的城市徐州和她的母校江苏师范大学都获得了荣誉称号："全国文明城市"与"全国文明校园"，而她去年则捧回了"全国文明家庭"的牌子。"看着精神文明建设结出硕果，我怎能不高兴?"她笑着说。

时间回到一年前，首届"全国文明家庭"表彰大会在京举行。江苏省接受表彰的 14 个家庭中，周长芝和她的家庭十分特别，因为这是人数最多的一个：除了她的三口小家庭，还有一个 300 多人的大家庭，他们是在周长芝开办的养老院里安享晚年的老人们，年龄从 51 岁到 104 岁。人多但也格外温暖，对他们而言，周长芝就是自己最亲的人。

近日，我校大学生通讯社的学生记者专程走近这个大家庭，听听周长芝的公益故事。

好校长到好院长

清晨，在周长芝的带领下，记者走进徐州市云龙区黄山老年公寓。

院子不大，却格外整洁，南墙边是一排运动器械，器械旁边是各种植物，院子北面是一溜儿椅子，天气好的时候，老人们可以坐在那里晒太阳。正值央视《朝闻天下》节目的播出时间，大部分起床的老人正在大厅看着电视，有说有笑。步入二楼，就是老年公寓的宿舍，刚进门，就闻到了淡淡的消毒水味道，每个屋里住 2 至 4 位老人，被褥、地面都干干净净，柜子里和桌子上也井井有条。看到这些，很多人会想，周长芝肯定是学这个的，不然敬老服务做不到这样的一个标准。

"其实呀，我是半路出家。"周长芝说。1988 年，她从徐州师范学院（现江苏师范大学）毕业，成为一名数学教师。从优秀教育工作者到最年轻的业务校长，在教育之路上，她不断成长。从事教育事业 23 年，先后担任过 4 所中学的校长，深受师生、家长爱戴。而为了完成母亲的遗愿，她辞去令人羡慕的中学校长职务，倾其所有开办 3 家养老院，决定把后半生奉献给老人们。

俗话说，万事开头难。虽然已经有心理准备，但要在一个完全陌生的领域从零开始，所面临的困难是一般人无法想象的。走进黄山老年公寓的第一天，周长芝带着当时仅有的两名员工将公寓上下彻底打扫一遍后，全身起满了一片片红疙瘩，最后竟发起了高烧，当天就住进医院，治疗了好几天才彻底痊愈。同样困扰她的还有资金问题，为了办养老院，周长芝先后卖掉家中两套房产，包括为儿子准备的婚房。

经过几年的不懈努力，周长芝的养老院越办越好，成为一个拥有 30 多位老人的大家庭。3 家养老院先后接待收住各类老人 1000 多人次，为 16 位抗战老兵、26 位孤寡老人提供免费入住，为 156 位"三无"老人、贫困老人和残疾人累计减免费用 100 多万元，赢得了社会的一致好评，成为远近闻名的“周院长”。

从好校长到好院长，实至名归。

好家风与好家庭

从2011年初创到今天，养老院的发展并非一帆风顺，每每遭遇挫折坚持不下去的时候，周长芝都会想起自己的母亲。母亲一个人拉扯好几个孩子本身就很不容易，她却仍热心地帮助别人，给他人送去温暖，所谓人间大爱，应该就是这样。母亲文化程度不高，却总喜欢说一句话：“但行好事，莫问前程，多做好事多行善，善事当行孝先行”。周长芝觉得，这就是自己的家风，是母亲留给自己最好的礼物，她要一代代传下去。

在儿子很小的时候，周长芝虽忙于工作，却时刻不忘教导孩子乐于助人、与人为善，言传身教，润物无声。当得知母亲决定辞职开养老院时，儿子是第一个支持她的人。他还经常组织大学同学去养老院做志愿者，陪老人说说话，给他们送去欢乐。去年，在中国矿业大学读研的儿子拿到了8000元奖学金，他主动用这些钱买了帽子、马甲、毛巾、手帕和袜子，养老院的所有老人每人一份。对于这样一个“好孙子”，老人们都赞不绝口。其实周长芝更开心，因为她们的好家风得到了传承。

谈起好家风和好家庭的关系，周长芝深有感触。她回忆起去年12月去北京参加第一届“全国文明家庭”表彰大会时，习近平总书记说：“我们要重视家庭文明建设，努力使千千万万个家庭成为国家发展、民族进步、社会和谐的重要基点，成为人们梦想启航的地方。要动员社会各界广泛参与家庭文明建设，推动形成爱国爱家、相亲相爱、向上向善、共建共享的社会主义家庭文明新风尚。”她认为总书记的讲话充分体现了家庭对个人成长和社会进步的巨大作用，而代代传承的好家风是家庭建设的精神纽带。能成为首届“全国文明家庭”的一员，她十分荣幸，也深知任重道远。

谈到未来的小目标周长芝说，未来想办一个更大、条件更好的养老机构，让更多老人在那里安度晚年。也希望她们的好家风能一直传下去，她有这个信心。

好风尚和好公民

无论是办教育还是做公益，周长芝都记着母亲的嘱托，用最高标准要求自己，要弘扬好风尚、努力做表率。

23 年教育生涯，她先后资助贫困学生 290 人，为 28 个贫困家庭捐款，为汶川灾区、玉树灾区、雅安灾区多次捐款捐物。她将承担国家级和省级课题获得的 6000 元奖励捐给学校；用 6 个月的工资购买图书捐给图书馆；费时 9 个月，自编自印 3000 册《成人成才》书籍赠送给学生……大爱之心烁烁发光，善行善举数不胜数。

而养老院的管理也倾注了她很多心血，在参观黄山老年公寓的时候，一些细节令记者格外难忘。首先就是每位老人床头都贴着奖状，内容包括“五好老人”“团结友爱老人”“讲究卫生老人”“心胸开阔老人”，记者不禁想到了学校里发给学生的奖状，把这个方法用到这些“老小孩”身上，确实别出心裁。周长芝解释说：“这是我的独创，借鉴了之前当校长时的经验，给老人们发奖状是给他们树立一个小目标，是一种积极的心理暗示。比如说‘五好老人’就是吃得好、睡得好、聊得好、卫生好、团结好，人老了就像小孩儿，不能让他们输在终点线上。”她没有办公室，每天都在3家养老院之间跑，手机也保持24小时开机，只要老人们都好好的，她心里就踏实很多。

2017年3月，位于珠山景区的徐州好人园又迎来两道新的风景——两位徐州走出的“中国好人”的塑像，其中一个就是周长芝。不久前，她更是获得第六届“全国道德模范”荣誉称号，成为孝老爱亲的全国标兵。她说：“这个至高无上的荣誉，不是我个人的，这是党和政府、各级领导、社会各界对这样一批为了社会的和谐美丽付出心血的人的褒奖！我觉得责任更重了，也更有动力。”

传播好风尚，做模范好公民，周长芝一直用行动证明着。

每天，看着院子里的爷爷奶奶们高兴的样子，周长芝笑得最开心。但行好事，莫问前程。我们相信，她的公益故事将一直续写下去。

发表于《江苏师范大学报》第607期第三版　李坤（2017-12-10）

方寸胶片上的诗意人生

——记我校第一代摄影家李泽芳老师

阳光透过窗外的树枝投射进窗子，桌儿上堆叠的旧报纸棱角分明；老式时钟滴答走着，挂历上剪下的小画、视力表，还有镜框里臧克家的亲笔回信……高高低低，错落有致，排布在斑驳的墙面上，它们彼此应和着，无意识地混搭，却被美感统帅。初春的一个下午，校报记者走进云龙东院小区的这间老房子，拜访我校第一代摄影家李泽芳老师。

一双哑光黑色浅口羊皮鞋，利落的黑色混纺裤，卡其色羊毛衫搭配素雅的真丝衬衫，花白的头发扎成细细的一小束，轻松自在地往脑后一夹，一种独特的优雅气质令人难忘。到访时，李老师正坐在客厅的扶手椅上翻阅着厚厚的影集，她热情地招呼记者落座，用一个下午的时间讲述她与摄影结缘的诗意人生。

李泽芳老师今年 82 岁，四川成都人，1985 年入选中国摄影家协会会员、1988 年被录入《中国摄影家大辞典》(山东黄河出版社)、1992 年被写入《中国文艺家传集》(四川辞书出版社)，是江苏师大第一代摄影家。1961 年，从原中央新闻电影制片厂调到徐州师范学院，先后在团委、党委宣传部工作，并在电教专业讲授“摄影技术与艺术”课程。1976 年由她为学校师生拍摄的照片刊登在《人民日报》上，实现我校宣传工作的新突破。57年来,她拍摄了数以万计的照片,记录下师大半个多世纪以来的许多动人瞬间,见证了学校的砥砺奋进和发展变迁。

《星汉灿烂》,师大之光

说起李泽芳老师,今天的很多师大学生或许并不熟知,但一定都听说或见过这张著名的照片:《星汉灿烂》,它先后获得过"江苏在腾飞"摄影艺术作品展览银牌奖、五省高校摄影艺术联展二等奖、"今日江苏"摄影艺术大奖赛佳作奖,并参加全国教师书法、绘画、摄影展览和"江苏摄影五十年"优秀作品展览,这也是李老师最喜欢的一个作品。

这张照片的背后还有一个有趣的小故事。那是1987年,一个冬天的晚上,住在师大东院家属楼的李老师正在家看电视,突然,家里又停电了。习惯性地,她和爱人一起出门去马路对面的师大校园里散散步。走到一间自习教室时,李泽芳老师隐约看到教室里面透出微微光影,走近一看,眼前的画面让她不觉停住了脚步。"太感人了!每张桌子上都点着一支蜡烛,学子们正在烛光下专注地学习,烛光在黑夜里如漫天繁星,而窗中反射的光影,则让这幅'星光图'延伸到更辽远的远方。"李老师回忆,"这一幕震撼到了我的心,于是立刻转身奔回家拿相机,可相机刚刚拿来,'哗'地一下,教室来电了,我没有拍成,我想,停电是常有的事,终于,第二次停电的时候,我想都没想,抓起相机就往学校跑,《星汉灿烂》就是这样创作完成的。"

谈到对这张照片的喜爱,李泽芳老师说:"搞摄影的人,头脑里始终会有根弦静绷着,我总喜欢在纪实中,寻找另外一些东西,而不是满足于单纯的记录，一张照片要在方寸之间容纳更多。”正是对摄影艺术的极致追求和不断超越，才成就了一张张优秀的作品。

拍摄《星汉灿烂》那一刻，李泽芳老师定格下师大学子勤奋学习的身影，更是那个艰苦奋斗年代的真实写照。31 年来，《星汉灿烂》如同一座灯塔，照亮了几代师大人前行的道路，见证着师大的光荣与梦想。

《面壁十年图破壁》，发现生活之美

翻开 1983 年《徐州师院》的复刊第一期，在第四版泛黄的纸页上，一张名为《面壁十年图破壁》的女生读书照引人注目，虽然过去了 35 个春秋，但照片的美感和张力却丝毫未减，反而随着时光流逝而愈发独特。

在这张照片中，一位女生扎着马尾辫，面对着书架读书，留给镜头的是专注的背影。她前面的两排书架上摆满了书籍，黑色的封皮和白色的书页错落有致，形成了极佳的节奏感，似乎是一排排阶梯，象征了“书山有路勤为径”。而照片的名字取自周恩来总理青年时代的诗句“面壁十年图破壁，难酬蹈海亦英雄。”1983 年，该作品参加全国女摄影工作者影展，获得银牌，时在政协委员王光美同志在展览大会上对李泽芳老师表示祝贺，并拥抱了她，这是极高的荣誉。

说起这张照片，李泽芳老师回忆道：“拍摄这幅作品，是在学校图书馆，我碰巧看见一个女孩正在低头读书，她前方的一排是国外杂志，排列得很有节奏感，我觉得通过背影去表现的手法，会让画面更加含蓄、有意味，于是就按下了快门。”一张获得许多荣誉和奖项的作品就此诞生，照片上的诗意和灵动背后是李老师对生活的细致观察和独到见解。

李泽芳老师是技术派，却从不刻意地把玩技术，她始终认为所有的技术都应该是一种游刃有余的流露，为表达而服务，摄影归根到底，需要的只是一双发现美的眼睛，和一颗敏感而柔软的心。这也使得她的作品始终带有女性独有的优雅与从容，令人过目不忘。

如果说《星汉灿烂》是师大人的群像，那么《面壁十年图破壁》就是一帧婉约的写真，永远定格下那1983年的青春芳华，任凭岁月流逝魅力不减，愈发动人。

为记录时代的人留存影像

作家，是记录时代的一群人，他们用笔下的文字为人类立传。而能够为记录时代的人留存影像，也是一件及其神圣而幸运的事。1977年，高考制度刚刚恢复，文科专业大学生想了解中国现代作家的情况却没有资料。基于此，徐州师范学院的几位老师商量后决定出一套教学参考书，邀约国内现代名家写自传，这就是后来的《中国现代作家传略》。为了配合书中名家影像和签名的收集工作，1977年至1980年，李泽芳老师背着她那台上海四型120双反相机和三四公斤重的电瓶和摄影灯，在北京、上海、杭州等多个城市挤公交、穿马路，费尽周折，先后采访了包括茅盾、巴金、冰心、丁玲、艾青、臧克家、朱光潜、叶圣陶在内的现代文学名家300余人，行程上万公里，积累了大量的影像资料及素材。

虽然过程艰辛，但是李泽芳老师却极其珍视这段经历。她把每次的采访拍照都当成是经历一次精神洗礼，很多作家的经历也令她震撼。当年给丁玲拍照的事她至今仍记忆犹新。“去拍丁玲的时候，她才刚刚从北大荒的牛棚里出来，回到北京，没有房子，无家可归，暂住在北京友谊宾馆。生活的艰辛没有把她压垮，70多岁的她，刚刚回京，就立刻投入到新的创作中。”李泽芳老师说，“照片对于这些作家来说也是珍贵的，他们欢迎我去拍照，记得丁玲收到照片后还特别满意，说我把她拍得很自然。我拍完照，会冲洗出来，挨个儿寄给他们，后来我注意到，不少作家在文革之后出版第一本书，所配作者影像，很多都是我在那个时期为他们拍摄的。”

在李泽芳老师的镜头中，作家们没有丝毫拘束和紧张，或翻书阅读，或眺望远方，职业特有的平静、从容和优雅在方寸之间自然流露，真正诠释了大师魅力。通过她的手，胶片获得了生命，定格下了永恒与诗意。

“技术和设备都是有限的，唯有艺术、思维和情感是无限的。”这是李泽芳老师对摄影艺术的感悟，多年来也一以贯之。她是用自己的生命在拍摄，在照片的方寸之间写出了优美动人的诗意人生。

发表于《江苏师范大学报》第611期第三版　李坤(2018-03-20)

舞出手鼓交汇中的知性美

——访江苏师范大学健身舞蹈协会成员

腰间横挂轻巧小鼓，身着蓝白相间服装，伴着音乐翩跹起舞，动作整齐划一，微笑优雅自然，这是江苏师范大学健身舞蹈协会的16位成员，5月13～15日在张家港举办的2016年全国健身秧歌、健身腰鼓和手拍鼓大赛中比赛的场景。最终，凭借出色的舞蹈表演，她们夺得了手拍鼓B组规定套路第一名，荣获全国比赛一等奖。

此次大赛由国家体育总局主办、江苏省体育局和张家港市人民政府承办，共有来自全国各省市自治区的38支代表队共483名运动员参加比赛，高手如云，竞争激烈异常，我校由女教工组成的参赛队伍在众多团队中脱颖而出，为学校争得了荣誉。

运动气息，人文风韵

在一个下着蒙蒙细雨的周五下午，我们见到了校健身舞蹈协会曹芳平会长，她浑身洋溢的运动气息给我们留下了深刻印象：一束高扎的马尾，简洁的白衬衫搭配粉色运动裤，微笑着健步走来。回忆起那天比赛的情景，曹老师仍有些兴奋："比赛当天，虽然我们定的时间是7点开始化妆，8点进行集体排练，10点比赛正式开始，但是大家都很兴奋，起得很早，有的队员在宾馆的房间里还在不断地重复练习舞蹈动作。我们是手拍鼓的B组，上台前大家反而平静下来，每个人都很专注，希望能够表现团队最好的一面，当然表演过程中心情特别激动！”

好成绩的取得，不仅与参赛队员紧锣密鼓的辛勤排练相关，参赛队员的自身条件也是一个重要原因。身高优势便是我校参赛队伍的一大亮点，参赛成员的平均身高接近一米七，智慧教育学院周媛媛副书记一米八二的身高更是成为比赛中一道亮丽的风景线。曹老师还自豪地表示，高校女教工自身具有知性美，这种由内而外的优雅气质很大程度上影响一个人的精神面貌，生活在文化底蕴深厚且风景宜人的大学校园中，这本身就是一种熏陶；其次，她们还从事着教书育人的工作，更让她们在举手投足间体现出人文风韵。手拍鼓与女教工的组合，擦出了别样的火花，立刻点亮了舞台，也给评委留下了深刻的印象，自然会区别于其他参赛队伍，最终脱颖而出。

全力备战，累并快乐着

这学期开学刚一周，队员们便开始了备战工作，平均一周训练三次，利用的都是中午和晚上以及周末的空余时间，比赛前半个月的冲刺训练有时甚至会持续到晚上九点多。参赛女教工们年龄为40～50岁，共16人，其中6人为体院老师，其余10人则是来自机关和学院的普通管理干部和教师，她们都是我校健身舞蹈协会的成员。协会面向全校女教职工，旨在丰富我校女教职工的业余生活。平时协会的活动主要是广场舞、健美操或是健身舞蹈等，可以说她们经常和舞蹈打交道，但对于手拍鼓舞蹈还是第一次接触，同时又缺乏专业上的指导和训练，所以几乎都是从零开始。

学校对这次比赛十分重视，在各方面给予了全力支持，专门找到张惠春老师作为此次排练的专业教练。张老师带领大家精心设计表演动作，刻苦训练，一遍遍地完善与提高。说到这里曹芳平老师表示深为感动，采访间隙，她还多次表示对张老师的赞赏与敬佩。

克服了舞蹈专业方面的困难后，接下来是队员们的自身难关：女教工们在家庭中都扮演妻子和母亲的角色，而且多半年近半百，在身体和家庭方面都或多或少会碰到困难。曹芳平老师的腿曾因高强度的训练而无法动弹；李丹副书记和陈琛老师曾因训练需要，不得不将孩子带到训练场地；为了不拖团队的后腿，法政学院朱媛媛副书记面临出差任务时，甚至请热心同学帮忙站位，结束工作后立即加紧排练，以便跟上大家的步伐……不仅如此，在手拍鼓队伍中还有很多担任领导干部的队员，但她们在训练中从不摆架子，而是以普通队员的身份严格要求自己，细抠每一个动作，专注每一个细节。16 名队员将爱转化成一种责任，怀揣着团队精神，奋力协作，尽力克服自身的困难来配合排练的进度，争取发挥到最好。当成绩最终揭晓的时候，她们知道，这一切的付出都是值得的，正如曹老师所说：“真的很累，但是很开心！”

校领导也一直关心着队员们，校党委岑红副书记为大家进行赛前动员，让大家卸下精神负担，极力提高大家的比赛积极性；副校级调研员孙秀华更是全程参与，充当临时教练的角色，并和校工会潘永亮主席作为领队和大家一起奔赴张家港参赛。这些支持与鼓励是支撑队员们走到最后的重要力量。

爱运动，就是年轻态

众所周知，运动不是只属于某个年龄层的阶段性活动，而应该是一种相伴终身的健康状态。当被问及我校教职工及学生体育锻炼的现状时，曹芳平老师不免惋惜地说："现如今的运动呈现一种老龄态趋势，像我校周边随处可见的广场舞、广播操等等很多都是中老年人在做，而我们大学生的运动更偏向于目的性和被动性，缺乏自发性意识，大都局限于网络世界的指尖运动。"曹老师从教 20 多年，在体育运动方面有自己的独特见解，她认为体育运动可以展现年轻人的朝气与活力，彰显青春魅力。除此之外，体育社交也是很重要的一点，通过体育运动可以强身健体，发现志同道合的运动伙伴。运动还可以作为学习的调节，以便更好地投入学习生活，一举多得。

在曹老师的眼中，校健身舞蹈协会建立初衷便是从健身的角度，为女教职工在事业和家庭的夹缝中开辟一条通向年轻态的道路，缓解和释放自己的生活压力，找到归属感与自信心，同时也可以展现我校女教职工的风采。

"体育锻炼并不是四肢发达、头脑简单的代名词，真正的运动是要找到一种适合自己的锻炼方式，只有深刻挖掘才能发现其中的乐趣，就如现在学校中推行的五禽操、全运会等各种形式的活动，都是作为一种积极的方式来鼓励大家参与到运动中，感受运动所带来的美与乐，"曹老师针对我校体育运动锻炼说道，"当然，最重要的还是要有一种终身健身的意识。"

这就是我校健身舞蹈协会的成员们，她们爱舞蹈，爱运动；她们有优雅气质，也有团队精神；她们在运动中保持年轻态，在手鼓交汇中舞出属于高校女教工的知性美。

后 记

经过数年征选修订,《弘道》即将与大家见面。作为记述我校广大教师的人物通讯合辑,该书处处彰显“师范”二字精神。著名教育家陶行知先生曾说“学高为师,德高为范”,学识渊博的人成为老师,行为端正的人成为典范,人师站在三尺讲台上,凭借三寸舌、三寸笔,孕育三千桃李。得天下英才而教育之,是老师们最幸福的事。

教师,是太阳底下最光辉的职业,而作为培养教师的人,师大的老师肩负着更大的责任和使命。“教教人之人,育育才之才”,他们不仅要时刻把“立德树人”记在心头、亮在明处,更把这份理想信念代代传承下去。作为教师教育工作的母机,江苏师大不仅培养了一代代奋斗在基础教育一线的人民教师,更涌现出一大批以身立德、率先垂范,传递弘道价值与内涵的人师。他们坚守着自己的教学科研岗位,为学生传道受业解惑,用点点微光成就师大的星汉灿烂。

《弘道》一书是《问道》《论道》《弘道》系列丛书的重要组成部分,由大学生通讯社的学生记者集体写就。作为师大发展进步的见证者、记录者,为还原每一位优秀教师的立体原貌,学生记者多方奔走、查阅资料,在沟通采访中挖掘教师身上的先进事迹与可贵品质,以文字的形式记录下师大师德文化的建设发展,优秀教师的通讯稿件见报后,广大师生争相阅读，反响热烈。

《弘道》凡三十篇，十万余字，由《江苏师范大学报》上的优秀教师人物专访稿件汇编成册，编印出版。本书通过这些鲜活的案例来展示我校教师的风采。古语有云："经师易遇，人师难遇。"人师以教书育人为终生志业，乐而不疲，本书中专访的老师涵盖了老中青三代人，既有退休后笔耕不辍，激情依旧，仍在岗位上谱写春秋华章的离退休教师；也有踏实热情的青年教师，他们以"弘道"为己任，用自己的一生践行着立德树人的要求。他们都是学生成长路途中那明亮的灯塔，通过言传身教，教会了学生"崇德厚学，励志敏行"和"守正出新，坚志勇为"的真谛，而师大学子也将从他们手中接过教育的大旗，将传道受业解惑的师魂一代一代传承下去。

在采访写稿的过程中，老师们谦虚谨慎的态度和刻苦钻研的精神也让学生记者受益匪浅，他们不仅仅是知识的传播者，还是学生做人做事的典范，通讯稿件中的每一个字句都经过老师和学生记者的仔细斟酌，这种严谨的治学态度在老师与学生之间得到了传承，这些以文字记录下来的故事也将让更多师大学子在潜移默化中懂得"为师者所弘之道"的价值与内涵。

《弘道》里讲述的人师故事，是我校师德文化的一个缩影，可供书写的典范是有限的，但人师精神和魅力却是无限的。教师是学生的榜样，在学生的发展过程中起着示范性作用，所谓教师无小事，处处皆楷模，本书的集结出版将为教师提供学习的经验，对师大学子提升自我也有着重要的借鉴意义。

《弘道》的出版是我校过去五年师德建设的一个节点，又是未来发展的新起点，接下来，我们将去采访更多优秀的师大教师，将他们立德树人的故事书写下来，让更多的读者听到师大优秀教师的声音。

编者

2018 年 5 月